COMPTE RENDU

DES TRAVAUX DU CONGRÈS

DES COMITÉS CATHOLIQUES DU MIDI.

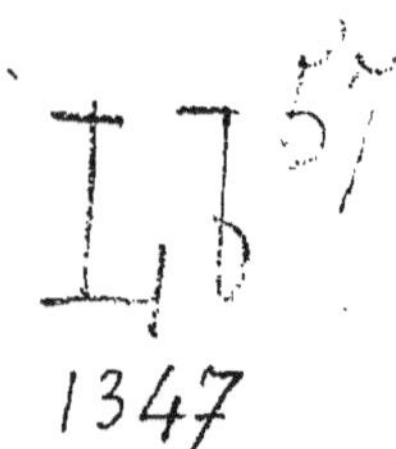

COMPTE RENDU

DES

TRAVAUX DU CONGRÈS

DES COMITÉS CATHOLIQUES DU MIDI

TENU A MONTPELLIER

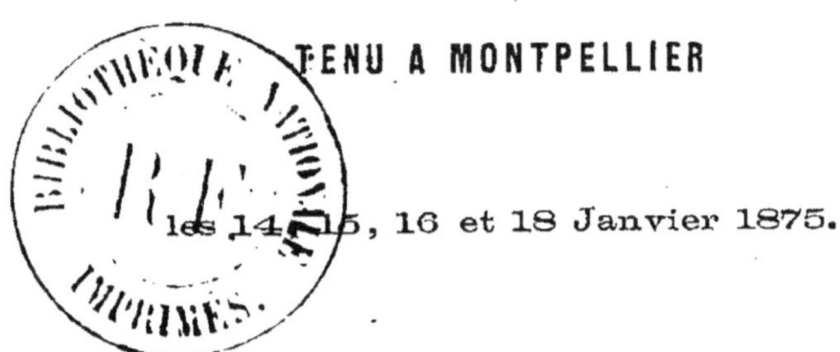

les 14, 15, 16 et 18 Janvier 1875.

MONTPELLIER,

TYPOGRAPHIE DE PIERRE GROLLIER, RUE DU BAYLE, 10.

—

1875.

CONGRÈS DES COMITÉS CATHOLIQUES DU MIDI

RÉUNIS A MONTPELLIER DU 15 AU 18 JANVIER 1875

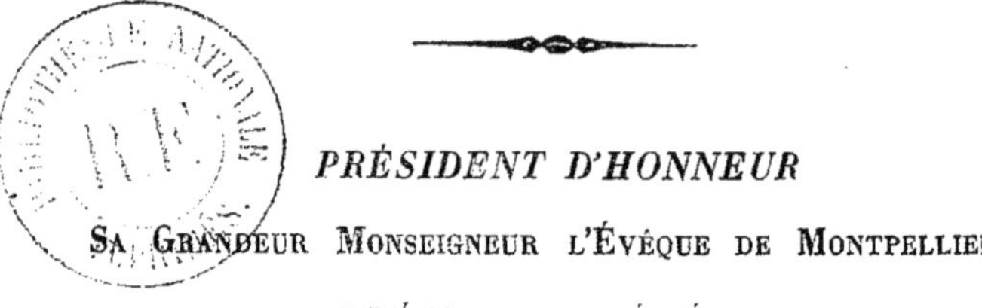

PRÉSIDENT D'HONNEUR

Sa Grandeur Monseigneur l'Évêque de Montpellier.

PRÉSIDENT GÉNÉRAL

Monsieur Harmel (Marne).

VICE-PRÉSIDENTS

Messieurs Charles Benoit d'Azy (Alais),
Jules Michel (Lyon).

SECRÉTAIRES GÉNÉRAUX

Messieurs Jules de Brignac,
Faisant.

MEMBRES DU BUREAU

Messieurs le R. P. d'Alzon (Paris),
le R. P. Bailly (Paris),
de Bressy (Nimes),
le Commandant Rousset-Pomaret (Nimes),
le Marquis de Larouzière (Bességes),
Crafft, Ingénieur des Ponts-et-Chaussées,
Louis de Portalon (Béziers),
Henri Vernazobres (Bédarrieux),
Poumayrac (Perpignan),
R. P. Sumbin (Grenoble),
le R. P. de Merquigny.
Vicomte Amédée de Ginestous (Montpellier).

Montpellier, typ. P. Grollier.

CONSTITUTION DU BUREAU DU CONGRÈS.

Président d'honneur.

SA GRANDEUR MONSEIGNEUR L'ÉVÊQUE DE MONTPELLIER.

Président général.

Monsieur HARMEL (Marne).

Vice-Présidents.

Messieurs Charles BENOÎT-D'AZY (Alais),
Jules MICHEL (Lyon).

Secrétaires généraux.

Messieurs Jules de BRIGNAC,
Léon FAISANT.

Membres du Bureau.

Messieurs le R. P. D'ALZON (Paris),
le R. P. BAILLY (Paris),
DE BRESSY (Nimes),
le Commandant ROUSSET-POMARET (Nimes),
le Marquis de LAROUZIÈRE (Bésséges),
GRAFFT, Ingénieur des Ponts-et-Chaussées,
Louis de PORTALON (Béziers),
Henri VERNAZOBRES (Bédarieux),
POUMAYRAC (Perpignan),
R. P. SAMBIN (Grenoble),
le R. P. DE MERQUIGNY,
Vicomte Amédée de GINESTOUS (Montpellier).

MEMBRES PRÉSENTS OU ADHÉRENTS

AU CONGRÈS

DES COMITÉS CATHOLIQUES DU MIDI.

—◇◇—

MM.

Abélanet Henri.
D'Airolles Olivier.
Alaux.
Allengry.
R. P. Andrau.
André Henri.
Anduze Charles.
Anduze Fernand.
Anduze Gustave.
Argeliès.
Armingaud.
Arles.
Arnavielhe.
Astié.
Astruc Alphonse.
Atgé, Curé de St-Mathieu.
Aubarès Jean.
Aubaret (Béziers).
Aubenque Joseph.
Audemar.
Audren (Bédarieux).
Auterrac.
Auzouy, Vice-Président du Tribunal civil.
Avignon.
Aynard Henri (Carcassonne).
Azaïs.
Azaïs-Marès.
Azaïs Roger.

MM.

Banides Célestin.
Bardon Paulin.
Barral, Curé de Ste-Anne.
Barral Henri.
Barras Auguste.
Barre Adrien.
Barthélemy.
De la Barthe.
Batigne Edmond.
Batlle Paul.
Bastide.
Beaudoint.
Beaumelle (Castelnau).
Bec, Curé de N.-D.-d.-Tables.
Bécane.
Bécane Philibert.
Béchamp, Professeur à la Faculté de Médecine.
Béchamp Joseph.
Bédos Jules, Juge-de-Paix.
Bélus.
Berger Félix (Castelnau).
Bérard Antoine.
Bérard Auguste.
Bérard Raoul.
Bernard Alfred (Béziers).
Besset, Présidt du Tribunal civil.
Bézinet.

MM.

Béziers, Juge au Tribunal de Commerce.
Binquet Simon.
Biquet Jules.
Blachas.
Blanc.
Blanc Gustave.
Blanc Noël.
Blanquet Jean, Greffier.
Blavet (Poussan).
De la Boisse.
Bonafoux (Cournonterral).
Bonfils.
Bonnard.
Bonnaric, Adjoint au Maire.
Bort Gabriel.
De Bosc.
Capitaine Boulet.
Bouquet.
Bourrouillou.
Bouschet Henri.
Bouschet de Montclar.
Bouschet de Bernard.
Boyer.
Brajon.
Branche Emile.
Brenoux.
Brès père.
Brès fils.
De Brignac Raymond.
De Brignac Jules.
Brun Ferdinand.
Bruguière, Aum^r des Sœurs-Noires.

MM.

Brû-Sabatier.
Besson, Maire (Villeveyrac).
Bousquet.   »
Boudet.   »
Abbé Cabannes.
Comte de Cadolle.
Cairel.
Caisso, Docteur.
Caizergues Henri, Juge.
Caizergues, Docteur en droit.
Caizergues Paul.
Caizergues.
Calage Etienne.
Baron de Calvières.
De Camaret.
Camberoque (Mauguio).
Cammal, avoué.
Capion, Greffier du Tribunal de Commerce.
Général de Capriol.
Cassan Charles.
Castan E.
Castan Ferdinand.
Castang Etienne.
Castel, Maire (Fabrègues).
De Castelnau, Ing^r des Mines.
De Castillon de St-Victor.
Catalan.
Caucanas, Vicaire-Général.
Causse.
Causse Etienne.
Cavalier, Curé de Ste-Eulalie.
Cavalier, Notaire.
Cazals.

MM.

Célerier.
De Cesso.
Chambaud (de Béziers).
Chambert.
Chaussin.
Abbé Chapot.
Chauvet Joseph (d'Agde).
Clerget.
Combal , Docteur.
Combal Victor.
De Comeyras.
De la Combe Henri.
Commeignes.
Coste , Notaire.
Coste Clément (Béziers).
Cos y Duran.
Coste Ernest (Pézénas).
Costeplane.
Cottalorda (Cette).
Couderc , Avocat.
Coulet Isidore.
Coulet Léon.
Coulet Edmond.
Coulet Emmanuel.
Coustan Louis.
Coustans Barthélemy.
Crama.
Cros (Poussan).
Crouzet.
Cuinilloux.
Darboulet.
Daumas.
Daurel , ancien Magistrat.
Dax Paul.

MM.

Déjean.
Delpech.
Dessales Charles.
Dessales Louis.
Dessales Paul.
Dézeuze Xavier.
Diffre , Juge-de-Paix.
Domergue , Lieutenant-Colo-
nel.
Domergue.
Donzel.
Dubois, Professeur au Lycée.
Dreuilles.
Ducel , Docteur.
Ducel Henri.
Duffour de la Vernède.
Duffour Louis.
Dumas , Professeur à la Fa-
culté de Médecine.
Dumas.
Dumas Léon.
Dupont Dieudonné.
Dupont.
Dupuy Frédéric.
Durand Achille.
Durand Alphonse.
Durand Alfred.
Durand Antoine.
Durand Elie.
Durand Léopold.
Durand Marcelin.
Durand Marius.
Durand Joseph.
Durand de Fontmagne.

MM.

Durand Louis de Fontmagne.
R. P. Elisée, Pr des Carmes.
Ecal (Béziers).
Encontre.
Escudier.
Docteur Espagne.
Espinasse, Entrepreneur.
D'Espinassous.
D'Espous Auguste.
Estève.
Estève Gaspard.
Estève Noël.
Estève Paul.
Estival.
Abbé Euzet.
Euzet.
Fabre, Avocat.
Fabre.
Fabréges.
Fabréges F.
Fages Edouard.
Fages Ernest.
Fages Jean.
Fajon.
Farjon de Besson.
Faulquier Fulcran.
De Ferré de Pérou.
Ferté Charles.
Ferté Emile.
De Fesquet Albert.
Fleury Adrien.
Fleury François.
Fonssagrives, Professeur à la Faculté de Médecine.

MM.

Fontaine.
De Fontenille Louis.
De Fortanier.
Comte de Forton.
Vicomte René de Forton.
Faulquier-Brun.
Fouques Albin.
Fournier Victor.
Fournier Xavier.
Fraïsse Ferdinand.
De Froment.
Gaillard, Lieutenant.
Galabert, Curé de St-Denis.
Galen, Négociant.
De Garde.
Gay Jules.
Gay Louis.
Gayrard Henri.
Gayraud.
Gayraud Magloire.
Abbé Gély.
Géronne.
Gorgeret.
Abbé Gervais.
Gervais, Avocat.
Gervais Alfred.
Gervais Aristide.
Gervais Eugène.
Gervais Jules.
Gervais Léon.
Gervais Paul.
Gey père.
Gibert.
Gilbert.

MM.

Gineste.
Baron Gérald de Ginestous.
Gingibre.
Gingibre Antoine.
Giniez Albert.
Giniez Alphonse.
De Girard Joseph.
De Girard Paul, Conseiller
  général.
Girardo.
De Giry.
Glaize, Architecte.
Glaize Antonin.
Gos Henri.
Grailhe Victor.
Granet.
Granier-Faulquier.
Granier Gaston.
Grasset, Docteur.
Grasset Louis, Avocat.
Grasset Louis.
De Grasset Eugène.
Grégoire.
Abbé Grimal.
Grollier, Imprimeur.
Grollier.
Grollier (Pignan).
Abbé Grollier.
Guerquin.
Abbé Guibal.
Guibal.
Guillaume.
Guiral.
Guiral Pierre.

MM.

Guizard Hermann.
Guizard, Substitut.
Halle (Cette).
Hamel, Colonel du Génie.
Hours père.
Hours.
Baron Huc.
Jeannel, Profes^r honoraire à
  la Faculté des Lettres.
Jeannel, Professeur à la Fa-
  culté des Lettres.
Jeannel Guillaume.
Jonquet.
Josserand Jacques.
Jouillé César.
Jourdan (Lodève).
De la Judie, Substitut.
De la Judie (Vigan).
De la Judie Charles.
Vicomte de Saint-Juéry.
De Juvenel Henri (Pézénas).
Kühnholtz-Lordat.
Baron de Labarthe.
Lacabanne.
Laffoux.
Lamache.
Abbé Lamothe.
De Langlade.
Comte de Lansade Alfred.
Lapierre.
Marquis de Laprunarède.
Baron de Lascours.
De Lassale Julien.
Baron de Latude.

MM.

De Latude Joseph (Pézénas).
De Lavalette.
Lavialle Auguste.
Lauret.
Lautier.
Abbé Leboux.
Lefranc Antoine.
De Lescure Joseph.
Lombard (Bédarieux).
Lurac.
De Lunaret.
Magniol Emile.
Mainard Achille.
Maraval (Fabrègues.)
Marcadier Alphonse.
Marcadier Eugène.
Marcadier Léon.
Margouirès.
Marioge Louis.
Marland.
Marquès.
Marquès.
Marquès (Montpeyroux).
Martel.
Martin.
Abbé Martinenq.
A. de Massilian.
G. de Massilian.
Masson Paul.
Matet Esprit.
Mauméjean.
Marquis de Saint-Maurice.
Maurin.
Maury.

MM.

Mazet (Poussan).
Mazuc Emile (Pézénas).
Mestre Jules (Villeneuvette).
Michel Adolphe.
Michel Etienne.
Micot.
Miécamp.
Millet Charles.
Mion Charles.
De Mirman Eugène.
Mistral.
Monnier Baptiste (Castelnau).
Monservin.
Montels.
Baron de Montvaillant, Adj^t au Maire.
De Mounier Paul.
De Mounier.
Moutet.
Moutet Louis.
Nègre.
Node de Saint-Ange.
Nouguier.
Nourrit Joseph.
Nourrit Louis.
Ory, orfèvre.
Pagès Augustin.
Abbé Palayrac.
Pascou.
Pécholier.
Président Pégat.
Pellier.
Vicomte de Penautier.
Peyron.

MM.

Pieyre.
Pignard.
De Pistoris.
Plagniol.
Plantier Xavier.
Plantier Henri.
Poncet.
Pouget Jules (de Bédarieux).
Poujol Félix.
Polge Numa.
De Possac Edmond.
Poujol Paul.
Poulot (Montpeyroux).
De la Prade.
Prieur.
Privat.
Puech Antoine.
Quissac.
Ferdinand de Rascas.
Raybaud.
Raynaud Charles.
Reboul Aimé.
Reboul Frédéric.
Recouly Léon.
Abbé Rédier.
Redonel Cyprien (Cournon-
 terral).
Réfrégier.
Revillou, Prof[r] à la Faculté
 des Lettres.
Rey Adolphe.
Reynes.
Abbé Reynier (Carcassonne).
Reynier, Curé de St-Pierre.

MM.

De Rivière.
Ricard Adolphe, Avocat.
De Ricard Emmanuel.
Ricôme.
Ricôme Ernest.
Ricome (Cournonterral).
Rieusset.
Robert.
Robert.
Comte de Rodez Henri.
Rodier.
Louis de la Roque.
De Rosis père.
De Rosis Paul.
Rossignol.
Abbé Rouet.
Rouquette.
Abbé Roux.
Sabatier Félix.
Sadde Charles.
Sahut Claude.
Salager Joseph.
Sanchez.
Sarran, Capitaine.
Saumade.
Sassy (Béziers).
Abbé Saunier.
Segondy, Vicaire-Général.
Seguin Félix.
Docteur Sélignac.
Serdan Paul.
Marquis de Serres d'Alfonce.
Comte Olivier de Serres de
 Mesplès.

MM.

Vicomte Emmanuel de Serres de Mesplès.
Baron de Serres de Mesplès.
Comte de la Serre d'Aroux.
Servel.
Sicard Aimé.
Sicard Joseph.
Siguy, Doyen honoraire de la Faculté des Lettres.
Soulier.
Sube Pierre.
Sube Jean.
De Surville.
Tapan.
Tarrisse jeune.
Tarrisse Pierre.
Tastavin.
Teisserenc (Lodève).
Teule.
Texier, curé de St-Roch.
Thibaud.
Tibaud.
Tisson Raymond.
Tondut Calixte.
Touzellier Gabriel.
Trèpe.
Truc.
Tudès.
Usquin.
Vache Jules.
Vailhé Antonin.
Valentin.

MM.

De la Valette, Intendant-Militaire.
Valette, Supérieur du Séminaire.
Valette, Avocat.
Valette Victor.
Vallat.
Vallier.
Vendrel.
Vergnes Pierre.
Vicomte de Vergnettes.
Capitaine Vernhettes.
Vérone.
De Vérot.
Vessière.
Veyron.
Vézian.
Viala Paul.
Vialla, Président de la Société d'Agriculture.
Vialet.
Vialet (Avignon).
Vialettes, Maire de Montbazin.
De Vichet.
Vidal.
De Vignamont (Pézénas).
Viguier, Négociant.
Viguier fils.
De Villaret.
Villeneuve.
Vicomte de Villeneuve.
Voillot Claude.

ASSEMBLÉES GÉNÉRALES

DU CONGRÈS.

COMPTE RENDU DE LA PREMIÈRE SÉANCE.

Vendredi 15 Janvier 1875.

La séance est ouverte à 8 heures par la prière d'usage.

Monseigneur l'Evêque de Montpellier a bien voulu accepter la présidence de la première séance publique du Congrès ; MM. Harmel (Marne), président du Congrès ; Amédée de Ginestous, président du Comité catholique de Montpellier ; Charles Benoît-d'Azy, Michel (Lyon), vice-présidents du Congrès ; Jules de Brignac et Léon Faisant, secrétaires généraux du Congrès prennent place au bureau.

M. Harmel prend la parole pour remercier Monseigneur d'avoir accepté la présidence de cette assemblée pieuse ; il se félicite de voir l'épiscopat français tenir si haut le drapeau du Sacré-Cœur. Les Evêques ont fait la France, aujourd'hui leur mission est de la relever de ses chutes, et ce nous est une espérance de résurrection prochaine de voir que la France, la religion et le pays sont englobés dans une même persécution ; dans notre pays, Dieu et patrie ne sont qu'une même chose. L'inauguration de la cathédrale de Saint-Pierre est comme un symbole de reconstruction morale.

L'orateur termine en félicitant les membres du Comité catholique de leur zèle pour les intérêts de la foi.

M. A. DE GINESTOUS, président du Comité catholique de Montpellier, dans un remarquable discours, s'attache à montrer l'importance et l'utilité des Congrès de Comités catholiques pour la défense des intérêts généraux des catholiques, pour leur union intime et aussi pour la fondation d'œuvres catholiques intéressant une province tout entière, comme par exemple les universités catholiques libres.

L'orateur expose ensuite les devoirs des catholiques en général et ceux des Comités catholiques en particulier, en rappelant les luttes de l'Église contre les hérésies par la prière, l'enseignement de sa doctrine et par le dévouement. C'est là ce que fait le Souverain Pontife dans sa glorieuse captivité : il enseigne par sa parole et prêche par son exemple.

M. le Président du Comité catholique de Montpellier, continue en faisant le compte rendu de ce qui a été accompli par les Comités du département de l'Hérault. Les Commissions des OEuvres de prières ont organisé de grands pèlerinages à Lourdes et à Paray-le-Monial et un certain nombre de pèlerinages locaux, notamment à Notre-Dame-du-Grau, Notre-Dame-de-Mougère, etc...

Les Commissions d'Enseignement, soucieuses de conquérir la liberté de l'enseignement supérieur, ont prié par voie d'adresse les députés de l'Hérault de voter la loi qui, actuellement, est soumise à leur appréciation, en lui donnant toute l'extension possible. Également désireuses d'étendre les limites de la liberté de l'enseignement secondaire, les Commissions d'Enseignement des différents Comités catholiques du département se sont efforcées d'augmenter le nombre des maisons catholiques d'éducation : le collége de Béziers a été confié à des prêtres, et un collége catholique a été ouvert à Montpellier. Quant aux écoles primaires, de nombreux encouragements et des subventions ont été donnés pour que les écoles restassent entre les mains des congrégations religieuses.

Il cite, en particulier, le Comité d'Annonay (Ardèche) qui, malgré l'opposition d'un conseil municipal hostile, est parvenu à conserver l'école communale des filles entre les mains des communautés religieuses, et à soutenir une école de garçons dirigée par les Frères de la Doctrine chrétienne. Grâce aux efforts persévérants de ce même Comité, aux dernières élections municipales d'Annonay, vingt membres sur les vingt-six qui composent le Conseil, appartiennent aux défenseurs dévoués des doctrines catholiques.

Les Commissions de la Presse se sont occupées de tous les moyens de répandre le bien, soit par les journaux, soit par des livres, et les questions de bibliothèques populaires et de colportage ont été l'objet de son attention.

Pour la classe ouvrière, pour son relèvement moral et son bien être matériel, des œuvres nombreuses ont été créées, parmi lesquelles M. de Ginestous cite les cercles catholiques de Béziers et de Montpellier, les patronages d'apprentis de Béziers, etc....

En terminant, M. de Ginestous recherche quelle doit être l'influence des circonstances actuelles sur les esprits catholiques, et il montre que de nos jours, pour assurer le salut de la patrie et de la société, les catholiques doivent rester étroitement unis, prier et se dévouer pour le salut de l'Église.

La fin de ce discours est saluée par de chaleureux applaudissements.

M. le Comte de Serre, au nom de la Commission des OEuvres, lit un rapport sur la messe du dimanche pour les hommes. Dieu, dit-il, et son Église ont fait un précepte de l'audition de la messe le dimanche; les hérésies anciennes et modernes ont nié cette obligation et donné naissance au respect humain; l'Église a lutté par ses orateurs et ses apôtres, et déjà, à voir les résultats obtenus, elle est près de remporter la victoire. Voilà le plan général; en voici les détails : Dieu lui-même nous a enseigné que le sacrifice de son sang à la messe est le plus sublime moyen d'élévation de l'âme vers Dieu. L'Église nous oblige de l'entendre tous les dimanches, mais les hérésies se sont élevées contre ce précepte. La plus

cruelle de toutes est le voltairianisme et l'irréligion moderne, qui ont si fort développé parmi nous le respect
humain. M. le Rapporteur pousse un cri de détresse : Nos
grandes basiliques sont vides, dit-il ; mais rassurons-nous,
l'Église et les fidèles sont en prière, et Dieu est près de les
écouter.

Voici venir la phalange des orateurs sacrés qui marchent
à la défense de l'Église : Frayssinous, le père de Ravignan,
le père Lacordaire, l'abbé Plantier, que nous vénérons
comme évêque de Nimes et que nous aimons comme le
maître de notre bien aimé Pasteur, le père Félix. Et Dieu
s'est laissé toucher : ce labeur des ouvriers évangéliques
porte ses fruits. Paris donne l'exemple de l'établissement de
messes d'hommes ; après lui, Nimes, Perpignan, Périgueux,
Cette, Marseille, Montpellier, enfin, où une messe suivie
d'une courte instruction est établie dans la chapelle des
Pénitents Blancs.

Les laïques prêtent leur concours au clergé, des hommes
pieux se répandent dans les faubourgs de Paris pour y
donner l'exemple d'une solide dévotion. La retraite annuelle
réunit de très-nombreux auditeurs, et les hymnes de l'Eglise,
chantées par des milliers de voix, ravissent l'âme des vrais
chrétiens. La communion générale est comme le couronnement et le fruit de tant des travaux. Voici les conclusions
de M. le Rapporteur :

1° Fondation de messes d'hommes dans des chapelles où
eux seuls seraient admis ;

2° Une heure fixe, toujours la même en hiver et en été,
choisie d'après les habitudes locales ;

3° La gratuité absolue des chaises ;

4° Une courte instruction après l'évangile, ayant spécialement pour objet l'enseignement de la religion ;

5° Que les Comités se mettent à l'entière disposition de
Monseigneur l'Évêque.

M. le Comte de Cadolle lit un rapport au nom de la Commission de l'art chrétien, ayant spécialement en vue les objets d'art que contiennent les églises de Montpellier.

D'abord Saint-Pierre, qui possède trois magnifiques toiles de Bourdon, de Ranc et de Jean de Troy ; le rapporteur exprime le regret que ces beaux tableaux ne puissent trouver dans les nouvelles constructions de la cathédrale une place digne d'eux. On remarque encore un tableau de Mignard représentant la *Fuite en Egypte*.

A Notre-Dame-des-Tables, M. le Rapporteur mentionne une *Assomption de la Vierge*, une *Adoration des Bergers*, et s'arrête avec complaisance devant la magnifique toile représentant le *Christ en croix entre la Vierge et saint Jean*. Cette œuvre remarquable, dernièrement restaurée, a laissé voir la signature de son auteur, Guido Reni.

A Saint-Mathieu, nous voyons un tableau de Ranc représent l'*Apparition de l'Ange à saint Joseph*. Le rapporteur exprime le chagrin de voir consacrer si peu de temps et de peine à l'entretien des œuvres d'art de cette église, et fait espérer qu'une bonne restauration fera connaître deux bons tableaux qui sont dans le plus triste état ; il n'oublie pas le rétable en bois sculpté, qui est d'un bon travail.

Comme conclusion M. le Rapporteur émet le vœu que l'autorité ecclésiastique veuille bien veiller à la conservation de ces objets d'art si précieux, et s'attache à empêcher les actes de destruction et de vandalisme qui sont commis trop souvent par cause d'insouciance ou même d'ignorance.

Le Révérend Père Sambin lit, au nom du Comité de rédaction de la *Revue catholique des Institutions et du Droit*, un rapport fort remarquable, dont voici l'analyse : *La Revue catholique des Institutions et du Droit* n'est pas seulement une revue, c'est une œuvre. La Revue n'est que l'organe de l'œuvre, dont le but est la formation d'une grande école de législation et de jurisprudence catholiques parmi les jurisconsultes et les publicistes vraiment chrétiens, et aussi la réforme de l'enseignement du Droit.

L'Europe était dans une voie admirable de progrès avant les divisions religieuses : le grand schisme d'Occident et le protestantisme ont semé les germes de division et de révolte qui, à la fin de XVIII siècle, se sont montrés par la séparation entre Dieu et la société moderne.

L'État sans Dieu a proclamé des principes féconds en tempêtes : que le siècle était souverain, que la loi n'était que l'expression de la volonté générale, etc...

Sous l'influence de ces principes pervers, la France a été entièrement désorganisée et, suivant le langage échappé à un écrivain de la libre pensée : « La France est à refaire de haut en bas. » Cette parole les catholiques doivent la réaliser ; ils doivent refaire la France, dans la famille, dans l'enseignement, dans les notions de liberté, d'autorité et de loi. Il faut revenir à la notion si grande de la souveraineté venant d'en Haut : « *Omnis potestas a Deo.* »

Les idées de réforme prennent consistance : M. le Play et avec lui une foule d'hommes éminents s'occupent des questions relatives à l'organisation de la famille et de la société ; M. le Play est véritablement le chef d'une école d'économie sociale chrétienne. Il était nécessaire de créer une autre école s'occupant des questions de législation et du droit des gens ; il fallait imprimer à ce mouvement de réforme une direction vraiment catholique, et c'est à cette tâche que se se sont dévoués les rédacteurs de la *Revue catholique des Institutions et du Droit ;* ils ne veulent être que les commis-voyageurs de la Grâce et travailler à la *réforme chrétienne* de nos lois. La Revue n'est qu'un centre de collaboration vers lequel nous avons appelé les jurisconsultes et les publicistes de toute la France.

Le noble but que se proposaient les fondateurs de la *Revue catholique des Institutions et du Droit* sera atteint.

Dieu a déjà béni leurs efforts : l'appel qu'ils ont adressé aux jurisconsultes a été entendu, et, arrivée à sa troisième année, la Revue a pris un développement considérable ; de précieux encouragements ont été donnés à cette œuvre par Monseigneur Paulinier, évêque de Grenoble ; par Monseigneur Mermillod, évêque d'Hebron et vicaire apostolique de Genève ; enfin, le Souverain Pontife a béni l'entreprise par un bref en date du 19 avril 1873.

En présence du succès que Dieu donne à leurs travaux, les rédacteurs de la *Revue catholique des Institutions et du Droit* redoubleront d'efforts pour continuer la tâche immense qu'ils ont entreprise et à laquelle ils seront heureux de se dévouer complétement.

Comme conclusion de ce rapport, qui est vivement applaudi, le R. P. Sambin exprime les vœux suivants, qui sont votés par acclamation :

1° Qu'il se forme en France une grande école de jurisconsultes et de publicistes qui étudient nos lois aux lumières les plus pures de l'enseignement de l'Église, pour le renouvellement du règne social du Christ ; qu'il soit fait un appel aux jurisconsultes présents pour obtenir leur collaboration et leur concours ; qu'il soit exprimé aussi le désir de voir la Revue être reçue par un grand nombre des personnes présentes à cette séance, afin que les idées de réforme s'étendent et pénètrent de plus en plus dans l'opinion publique ;

2° Que, dans les Congrès et les Comités catholiques, il soit toujours institué une Commission de réforme de nos lois et de nos institutions.

M. Harmel prend la parole pour exposer à l'assemblée le tableau des œuvres qu'il a entreprises, à l'usine du Val-des-Bois.

Il attribue l'honneur qui lui est fait de présider le Congrès catholique, à l'intérêt que chacun prend à l'œuvre à laquelle il s'est voué. L'usine du Val-des-Bois occupe environ mille ouvriers des deux sexes ; avant l'établissement des œuvres catholiques, l'irréligion et les vices qui l'accompagnent tenaient sous leur joug ces pauvres ouvriers , malgré l'éminente piété du patron, dont l'influence était nulle.

Depuis l'organisation de l'œuvre, l'usine est transformée ; les vices ont disparu , et M. le Président a pu compter dix mille communions dans une seule année.

Les moyens employés sont de trois sortes : Intérieurs, Extérieurs et Associations.

1° *Moyens Intérieurs*. Ces moyens sont : 1° la séparation des sexes , autant que possible ; 2° le respect absolu du dimanche par la suppression du nettoyage et des réparations qui ne sont pas indispensables ; et quand ces travaux sont indispensables , les ouvriers sont conduits le matin à la messe, et le temps qu'ils y passent est compté au prix du travail ordinaire ; 3° la protection morale et matérielle exercée sur les faibles , femmes et enfants , contre la cupidité et les tracasseries des ouvriers mauvais ; la suppression des discours licencieux , le renvoi des ouvriers même utiles à l'exploitation lorsque leur influence est pernicieuse ; 4° le payement des salaires des ouvriers fait tout autre jour que le dimanche ou le samedi et effectué entre les mains du chef de famille, afin d'éviter que cet argent ne serve à de mauvais usages.

2° *Moyens Extérieurs*. Les moyens extérieurs sont : 1° l'établissement d'une chapelle à proximité des ateliers, avec un aumônier qui s'occupe de tout ce qui concerne les besoins religieux de l'usine : visite des malades, cours d'adultes, soirées, récréations, etc ; 2° organisation de grandes retraites pascales attirant les ouvriers de l'usine et ceux du voisinage ; 3° fondation de salles d'asile et d'écoles tenues par les Frères et les Sœurs , réunissant ensemble 312 enfants ; messe du dimanche obligatoire pour tous ; enfin, comme développement de ces œuvres et stimulant, compositions hebdomadaires, billets du samedi, primes du mois données par le patron, concours trimestriels, séances publiques trois fois l'an; 4° distribution de bons journaux et établissement de bibliothèque pour les hommes et les femmes.

3° *Associations*. L'œuvre de l'usine tout entière est fondée sur des associations; il y en a pour tous les âges et pour les deux sexes. Associations pour les hommes : Saint Louis de Gonzague avant la première communion, petit cercle de la première communion à 16 ou 17 ans, grand cercle au-dessus de 17 ans, y compris les pères de famille. Pour les femmes : Sainte Phylomène avant la première communion, Saints Anges de la première communion à 15 ou 16 ans, Enfants de Marie jusqu'au mariage, Mères chrétiennes après le mariage. Les moyens de consolider ces associations sont de trois sortes : 1° *Moyens religieux*, réunions mensuelles à la chapelle, retraites annuelles indépendantes de la retraite pascale ; 2° *Moyens agréables*, jeux, promenades, soirées, fêtes fréquentes, auxquelles prennent part tous les ouvriers; 3° *Moyens utiles*, caisse de secours, caisse d'épargne avec prime, fourneaux économiques en hiver, vie à bon marché, exposition deux fois l'an de confections au prix de gros, assurances sur la vie, soins des orphelins et des malades, conférences de charité dans chaque œuvre.

L'union de toutes ces associations forme la corporation des ouvriers chrétiens, elle est administrée par les membres eux-mêmes sous la haute direction du père de famille, chef de l'usine. Ici l'orateur dépeint celui que les ouvriers appellent *le bon père*, il nous le montre d'abord fondateur de l'usine, et puis inspirateur et conservateur de toutes les entreprises pieuses. L'affection et la reconnaissance de ceux qui l'entourent est la couronne de ses cheveux blancs et sa récompense dans ce monde.

Un mystérieux incendie a frappé ses intérêts matériels, sans altérer sa sérénité ni sa confiance en Dieu. Aujourd'hui la maladie est venue atteindre ce digne vieillard, mais les prières qui s'élèvent vers Dieu pour lui, éloigneront les craintes de ses enfants. M. Harmel conclut en affirmant que la résurrection est possible, aussi bien pour les ouvriers de l'usine que pour les ouvriers agricoles et autres. Il importe de s'occuper de tous les âges : jeunes et vieux sont accessibles à l'idée du bien. L'apostolat est exercé par l'ouvrier lui-même sur ses camarades, par le père ou la mère sur leurs enfants, par les enfants sur leurs parents.

Enfin, tous les catholiques doivent former une vaste ligue pour la défense du bien et la réussite des œuvres qui ont pour but de la répandre parmi les masses.

M. CHARLES BENOÎT-D'AZY lit un rapport sur les fondations pieuses entreprises par les administrateurs des houillères et fonderies d'Alais et expose les résultats qu'ils ont obtenus. Chacun sait le merveilleux développement des houillères en France ; celle d'Alais produisit en 1874 un million six cent mille tonnes de charbon et occupe douze mille ouvriers.

Bâtir des églises, fonder des écoles sont les plus sûrs moyens d'attirer les populations ouvrières ; huit paroisses nouvelles avec écoles catholiques ont été fondées, des caisses de secours sont établies, et bientôt des retraites seront assurées à la vieillesse.

La Compagnie des fonderies et forges d'Alais s'est spécialement occupée de ses ouvriers ; elle a fondé la paroisse de Tamaris avec école pour 400 enfants, celle de Rochebelle, et a favorisé le pèlerinage de Notre-Dame-des-Mines. Un grand crucifix placé dans l'usine de Tamaris prouve que tout a été fait sous l'inspiration de Jésus-Christ. Le village de Rochesadoule a été fondé avec église et école pour 300 enfants ; on procure aux ouvriers la facilité d'acquérir les maisons qu'ils occupent ; aussi les résultats se font déjà sentir au point de vue catholique.

Dans ce même village, la Compagnie s'est mise à l'écart

pour laisser aux ouvriers l'honneur de contribuer à la construction de l'église, et par suite on remarque que ceux-ci paraissent plus zélés à suivre les offices. Dans ces diverses paroisses il y a des œuvres et des congrégations religieuses pour les jeunes filles et les femmes, les écoles d'adultes fonctionnent fort bien.

A Tamaris et à Rochebelle, les hommes ont une messe spéciale ; ils peuvent se réunir dans un vaste local, où ils trouvent des jeux et une bibliothèque. Ils sont organisés en société de secours mutuels, nomment eux-mêmes leur bureau, visitent les malades et distribuent avec les secours matériels les consolations chrétiennes. Depuis trois mois une société de jeunes gens semblable à la précédente est fondée dans le but d'éloigner la jeunesse du cabaret. Le rapporteur conclut par les résolutions suivantes : 1° arriver à l'unité d'action pour les œuvres des grandes usines ; 2° les établir, même en dépit de la direction, en prouvant que le bénéfice industriel découle d'une organisation chrétienne.

M. HARMEL propose d'adresser au Souverain Pontife une dépêche ainsi conçue :

« Les membres des Comités catholiques du Midi, réunis à Montpellier sous la présidence de Monseigneur l'Évêque, déposent au pied de Sa Sainteté l'hommage de leur filiale vénération et implorent sa sainte bénédiction pour les travaux du Congrès. »

La proposition est acclamée.

Monseigneur l'ÉVÊQUE DE MONTPELLIER prend la parole et résume en quelques mots les nombreux rapports qui viennent d'être lus.

Il félicite M. de Cadolle du zèle qu'il a mis à défendre les œuvres d'art de la ville de Montpellier, mais il a le regret de lui dire que plusieurs de ses vœux ne pourront être exaucés ; l'architecture de la nouvelle cathédrale ne peut laisser aucune place aux grandes toiles qui ornaient l'ancienne église, mais elles seront placées honorablement dans la vaste sacristie que l'on vient d'achever.

Le rapport du Père Sambin donne à Monseigneur l'occasion de parler des Jésuites, qu'il espère voir bientôt établis à Montpellier à la tête du nouveau collége diocésain. Les Comités catholiques ont pour mission de refaire la France et doivent donner l'exemple de la prière.

Monseigneur rappelle que son intention est d'engager les fidèles à le suivre dans les pèlerinages qu'il doit faire à tous les monuments de son diocèse qui contiennent des reliques de Saints ou conservent des traditions chrétiennes.

Monseigneur fait la prière et donne sa bénédition à l'assemblée.

La séance est levée à 10 heures.

COMPTE RENDU DE LA 2ᵉ SÉANCE.

16 Janvier 1875.

Présidence de Monseigneur PAULINIER, Evêque de Grenoble.

———

Monseigneur de Cabrières, Evêque de Montpellier, président d'honneur du Congrès, assiste à la réunion.

La séance est ouverte à huit heures et quart par la prière d'usage.

M. Harmel, président du Congrès, donne lecture d'une lettre du Président du Comité catholique de Marseille, rendant compte des travaux de ce Comité. De grandes entreprises ont été menées à bonne fin à Marseille, et le Comité catholique de cette ville peut être cité comme modèle : la première année de sa fondation, en 1872, les ressources du Comité se sont élevées à 250,000 fr., et pour les années suivantes des ressources sont assurées dans les mêmes proportions.

L'assemblée, par ses nombreux applaudissements, témoigne de son admiration pour les résultats obtenus à Marseille, et c'est ainsi que M. Harmel interprète ces marques d'assentiment général.

La parole est donnée à M. Ecal, qui, au nom de la Commission des OEuvres en général, donne lecture d'un rapport sur l'organisation de l'OEuvre du Denier de Saint Pierre, sur le modèle de l'OEuvre de la Propagation de la Foi. Notre bien aimé Père Pie IX, spolié par la Révolution, est dans les chaînes et réduit à la pauvreté ; tous ses enfants doivent avoir à cœur de consoler ses tristesses et de soulager son dénuement. Aussi, est-ce avec bonheur que de tous les points de la catholicité on voit affluer les offrandes vers Rome.

Il importe de donner à ce mouvement spontané une organisation, afin de lui assurer la durée si nécessaire à toute Œuvre ; pour cela, on a pensé à organiser le Denier de Saint Pierre par dizaines. Lyon, qui a vu naître la magnifique association de la Propagation de la Foi, a encore eu l'honneur de cette initiative. Pour rendre plus facile à toutes les bourses cette Œuvre si importante, le sou par semaine a été réduit à un franc par an ; Paris a suivi l'exemple de Lyon, et plusieurs diocèses ont déjà des Comités organisés pour répandre le plus possible l'Œuvre du Denier de Saint Pierre.

M. le Rapporteur, faisant l'historique de la création de cette Œuvre à Béziers, en rappelle les commencements difficiles ; malgré le concours de Monseigneur Mermillod, le noble exilé de Genève, qui avait bien voulu, à l'occasion d'une retraite pastorale prêchée à Montpellier, lui prêter l'appui de son éloquente parole ; le succès ne couronna pas de si généreux efforts, et, ajoute M. Ecal, sans doute il se trouva que l'heure du zèle des fondateurs de l'Œuvre était en avance sur l'heure de Dieu, et force a bien été d'attendre.

Mais aujourd'hui, l'Œuvre du Denier de Saint-Pierre est florissante à Béziers, qui compte maintenant parmi les villes dont les offrandes annuelles sont les plus considérables ; et si là, elle a été bénie de Dieu, ne peut-on pas espérer que bientôt il en sera de même dans tout le diocèse de Montpellier ? Comment en douter ? « N'avez vous pas, Messieurs, » s'écrie M. le Rapporteur, « n'avez-vous pas aperçu un signe dans le ciel ? Cette lumière qui brillait d'un vif et doux éclat dans une grande cité voisine et amie et qui depuis qu'elle est apparue sur le diocèse de Montpellier, y répand de si bienfaisantes et de si fécondes clartés, ne vous semble-t-elle pas annoncer que le temps propice est venu ? Ne me diriez-vous pas : « *Ecce nunc tempus acceptabile !* L'heure de Dieu est celle où, dans sa bonté, il donne à ses enfants un pasteur selon son cœur, brûlant de zèle pour sa gloire et pour le bien spirituel du troupeau confié à sa sollicitude. »

« Nous, ses heureux enfants, nous remercions tous les jours la divine Providence du don qu'Elle nous réservait dans les trésors de sa miséricorde ; et s'il ne m'est pas permis ici de donner une autre expression aux sentiments de vénération, d'amour et de chrétienne espérance dont nos cœurs sont pénétrés, tout au moins j'exprimerai la pensée unanime de la Commission des Œuvres du Congrès et celle du Comité Catholique de Béziers, en disant que nous sommes heureux de nous tenir dans une attente respectueuse, et de montrer ainsi que notre règle invariable sera d'imprimer à nos actes le caractère de filiale déférence envers l'autorité ecclésiastique, auprès de laquelle nous trouverons toujours la plus sûre direction et l'appui le plus efficace. »

En terminant, M. le Rapporteur émet le vœu que le Denier de Saint Pierre soit organisé, comme à Lyon, à Paris et dans plusieurs autres diocèses, sur le modèle des dizaines de la Propagation de la Foi, pour servir d'auxiliaire et de complément aux quêtes paroissiales ; que cette œuvre soit, par l'entremise des chefs de dizaines, rendue plus populaire, plus générale, et par conséquent plus fructueuse.

Ce vœu, approuvé par le Congrès, est voté par acclamations.

M. Ecal donne ensuite lecture, au nom de la Commission des Œuvres, des deux vœux suivants, qui sont également votés par le Congrès :

1° Que les personnes qui sont dans l'usage de faire, chaque semaine, à leur porte, une distribution aux pauvres (cinq ou dix centimes par tête), veuillent bien en charger Messieurs les Curés, qui la feraient à l'Eglise et profiteraient de cette occasion pour faire entendre la parole sainte à ces personnes malheureuses, qui restent ordinairement en dehors de tout enseignement religieux. L'initiative de cette excellente pensée revient à Monseigneur Reboul, curé de la paroisse de Sainte-Magdeleine de Béziers.

2° Après avoir rappelé les heureux résultats produits par

la Colonie agricole de Servas, qui est une création de l'hospice d'Alais, M. le Rapporteur exprime le vœu de voir l'attention des administrations hospitalières se porter sur ces institutions, si dignes d'intérêts et qui sont appelées à donner des avantages de santé morale et physique aux jeunes colons, ainsi qu'une augmentation de revenns aux hospices.

Il est donné lecture, au nom de la Commission des Œuvres de prières, d'un vœu émis par M. le Comte de Lansade et que cette commission a approuvé :

« Le Congrès des Comités catholiques, tout en s'occupant d'abord des intérêts religieux et moraux de la société, ne peut rester indifférent aux intérêts matériels. La richesse publique de cette région est plus que menacée ; déjà elle est attaquée dans sa racine, soit dit au pied de la lettre, par un fléau qui, surtout si l'on se rappelle les prédictions de la Salette, paraît avoir tous les caractères d'un châtiment. On a beau promettre des récompenses, la science reste impuissante, l'expérience des cultivateurs est en défaut ; la culture qui fait la fortune des provinces méridionales semble perdue dans un prochain avenir. C'est le cas ou jamais de recourir à la prière de la foi, afin que la bonté divine écarte ce malheur par les moyens naturels ou surnaturels qu'il lui plaira d'employer.

» C'est pourquoi le Congrès ose supplier humblement NN. SS. les Evêques de vouloir bien ordonner, s'ils le jugent bon, contre cette calamité publique, des prières publiques, dans cette année de jubilé, afin que la terre soit purgée de sa peste, en même temps que les âmes du péché. »

M. Joseph Sicard donne lecture d'un rapport sur les Monts-de-Piété, au nom de la Commission des Œuvres en général.

M. le Rapporteur dit, qu'à côté des œuvres dont s'occupent plus spécialement les Comités catholiques et qui ont pour but de ranimer la foi dans les âmes, il y en a d'autres auxquelles les catholiques ne doivent, ne peuvent pas rester étrangers ; de ce nombre sont celles qui tendent à améliorer le sort des classes nécessiteuses, et en particulier l'institution des Monts-de-Piété.

Les Monts-de-Piété, en effet, ont eu leur origine dans le désir d'arracher les pauvres à la rapacité des usuriers ; leur fondation a été inspirée par l'Église, dans ce but uniquement charitable et parfaitement justifié par la constitution sociale du Moyen Age. A cette époque, l'usure était une des grandes causes de la misère populaire ; l'argent était rare, le crédit difficile, et les Juifs et les Lombards abusaient de cet état de choses pour prêter à des taux exorbitants. C'est alors qu'un moine recollet, Barnabé de Terni, touché de la situation désastreuse que l'usure faisait à la population de Pérouse, proposa, dans un sermon, de faire une quête dont le produit serait employé à fonder une *banque charitable*. Cette proposition fut accueillie avec enthousiasme et mise de suite à execution par l'établissement d'un bureau où l'on prêtait *sans intérêt*, sur le simple dépôt d'un gage pour la sûreté du prêt. Ce fut le premier Mont-de-Piété.

Cet exemple fut suivi par un grand nombre de villes d'Italie. Les Papes prirent cette institution sous leur haute protection, et le Concile de Trente la recommanda au zèle des Évêques ; partout le principe fondamental de l'institution fut respecté, et la gratuité absolue du prêt fut une loi formelle.

De l'Italie, les Monts-de-Piété se généralisèrent en Allemagne, dans les Pays-Bas, en Hollande et enfin en France ; mais alors ils s'écartèrent de leur caractère véritable, et leurs prêts ne furent plus gratuits. Pour fonder ces établissements, on ne s'adressait plus à la charité publique, on n'avait plus recours à des dons généreux et inspirés par charité chrétienne ; on se procurait les fonds nécessaires au fonctionnement des Monts-de-Piété, par voie d'emprunt, et alors les frais étant devenus considérables, on fut forcé de faire payer aux emprunteurs des intérêts d'abord faibles, mais qui ne tardèrent pas à atteindre des proportions énormes; ainsi l'usure fut installée dans les établissements mêmes qui étaient créés pour la combattre.

Cet état de choses fort déplorable existe en France et, au Congrès des Comités catholiques tenu à Paris, au mois d'avril dernier, M. le Comte de Sarrau de Boynet, dans un rapport fort intéressant sur les Monts-de-Piété, signalait à l'attention des catholiques ce que sont devenus ces établissements, et proposait différentes améliorations à apporter dans la législation qui les régit.

Le but à atteindre est évidemment la diminution de l'intérêt du prêt, et pour cela deux moyens sont proposés par M. le Comte de Sarrau de Boynet:

1° Autoriser les Monts-de-Piété, qui versent leurs bénéfices dans la caisse des hospices, à conserver désormais la totalité de leurs excédants de recette pour les appliquer à leurs opérations et se constituer ainsi un capital particulier, pour n'avoir plus recours au crédit pour se procurer les fonds nécessaires;

2° Réunir les administrations des Monts-de-Piété à celles des Caisses d'épargnes, afin de procurer aux premières des capitaux à 4 0/0 et de diminuer ainsi leurs charges de 2 à 3 0/0.

Mais la diminution du taux de l'intérêt du prêt n'est pas une mesure complétement satisfaisante; la réforme vraiment radicale serait le retour à la gratuité du prêt et à la création de Monts-de-Piété méritant véritablement ce nom.

« Et ne croyez pas, ajoute M. le Raporteur, ne croyez pas, Messieurs, que ce vœu soit irréalisable, que ce qui était possible au XV° siècle ne le soit plus de nos jours. Il y a près de 200 ans qu'un établissement fondé sur le principe de la gratuité la plus complète fonctionne au milieu de nous; et sa prospérité toujours croissante, son succès auprès des pauvres, les services qu'il rend tous les jours à la classe laborieuse, répondent victorieusement à toutes les objections que l'on pourrait faire contre ce retour au passé. »

M. le Rapporteur parle alors du Prêt Gratuit de Montpellier ; il fait l'histoire de cet établissement et raconte les événements qui en ont entravé ou aidé la marche depuis le moment de sa fondation, qui remonte à 1684 ; il fait connaître le nom de ses premiers fondateurs ou protecteurs, Monseigneur de Pradel, Pierre Rey, Monseigneur de Charancy, Monseigneur de Villeneuve ; puis, il montre le fonctionnement actuel de l'œuvre, et, après avoir fait ressortir tous les avantages que cette institution offre aux classes nécessiteuses, M. le Rapporteur conclut en exprimant le désir de voir les *Prêts Gratuits* se fonder dans les grandes villes ; déjà Grenoble et Toulouse ont des Monts-de-Piété prêtant gratuitement, et, dans tous les grands centres, on peut compter pour les fondations sur la charité publique, qui ne fait jamais défaut aux bonnes œuvres, et sur l'appui de NN. SS. les Evêques, qui certainement, à l'exemple des prélats qui ont illustré le siége de Montpellier, accorderont leur haute protection à ces établissements charitables, dont la prospérité, sous de tels auspices, n'est nullement douteuse.

M. le Rapporteur termine par les conclusions suivantes :

Engager vivement les membres des Comités catholiques qui représentent au Congrès les différentes villes de la région, à provoquer l'établissement de *Prêts Gratuits* sur le modèle de celui de Montpellier.

Ces conclusions sont approuvées par l'Assemblée, qui applaudit chaleureusement.

M. CLERGET, au nom de la Commission des OEuvres, donne lecture d'un rapport très-remarquable sur la sanctification du Dimanche.

Après avoir développé en termes élevés les causes qui font de la sanctification du Dimanche une des conditions les plus indispensables de la grandeur et de la tranquillité de la société ; après avoir rappelé que toutes les législations anciennes ou modernes ont cru nécessaire d'assurer l'exécution de cette prescription divine ; après avoir montré toute l'importance que l'Eglise catholique attache, avec raison, à l'observation du Dimanche, M. le Rapporteur signale les châtiments que Dieu a infligés à ceux qui négligeaient de remplir ce devoir fondamental de la Religion, et ceux dont il punit, de nos jours, l'oubli de cette prescription du Décalogue ; il dépose en terminant les conclusions suivantes, qui sont votées au milieu des applaudissements de l'Assemblée :

1° Qu'il soit demandé, par voie de pétition, aux divers pouvoirs compétents : 1° l'application exacte de la loi de 1814 ; 2° l'affichage de son texte dans tous les ateliers ; 3° la fermeture des gares de marchandises les dimanches et jours fériés, 4° la fermeture jusqu'à midi, les dimanches et jours fériés, des bureaux télégraphiques et de poste, et que, dans les villes où les besoins du service des postes s'opposeraient impérieusement à cette mesure, il ne fût distribué, ces jours-là, que les lettres et les journaux, afin que, par cette simplification, les employés pussent disposer de beaucoup plus de temps ; et qu'enfin MM. les Chefs de service voulussent bien accorder, de préférence dans la matinée, les quatre heures de repos dont les employés jouissent, dans cette administration, les Dimanches et jours fériés ;

2° Qu'il convient d'utiliser l'influence de la presse, en employant la voie des journaux et des écrits périodiques et la publication des brochures pour la sanctification du Dimanche ;

3° Qu'une association, adoptant les statuts de l'OEuvre lyonnaise pour la sanctification du Dimanche, soit organisée au plus tôt dans le diocèse, après toutefois avoir été soumise à l'approbation de sa Grandeur Monseigneur l'Evêque de Montpellier ;

4° Qu'il est urgent de provoquer des réunions paroissiales avec le concours et sous le patronage de MM. les Curés, pour appliquer le plus facilement et le plus efficacement possible les principes ci-dessus ;

5° Qu'enfin, un appel soit fait à toutes les sociétés religieuses, pour qu'elles prêtent le concours le plus dévoué au développement de l'OEuvre de la sanctification du Dimanche.

La parole est ensuite donnée à M. MICHEL qui, dans une brillante improvisation, s'attache à montrer, non pas l'importance de la sanctification du Dimanche (il serait inutile, dit-il, de le faire devant une pareille assemblée), mais la facilité avec laquelle les Compagnies de Chemin de fer pourraient organiser leurs différents services pour assurer en partie à leurs nombreux employés les moyens d'entendre les offices du Dimanche.

L'orateur rappelle les lois qui existent sur le respect du Dimanche, ainsi que les circulaires ministérielles qui tendent à assurer leur exécution; l'Etat s'efforce donc de remplir les devoirs qui lui incombent. Les Compagnies de Chemins de fer qui, elles aussi, ont une importance considérable, ne paraissent pas se préoccuper beaucoup de la sanctification et du repos du Dimanche. Et cependant leur capital de premier établissement s'élève à 8 milliards; leur personnel ne compte pas moins de 8 agents par kilomètre, soit environ un effectif de 150,000 employés; et si l'on tient compte de la famille de ces employés, on peut dire que la main des Compagnies ne s'étend pas sur moins de 3 à 400,000 personnes qui, par la continuité du service, se trouvent vouées à l'oubli de leurs devoirs religieux, à une sorte de paganisme officiel, aussi contraire à la santé du corps qu'à celle de l'âme. C'est à cette situation qu'il faut porter remède?

L'orateur examine successivement les diverses branches du service que les Compagnies exigent de leurs nombreux employés. Ces travaux peuvent être divisés en six catégories :

1° *Travaux de constructions,* analogues à tous les grands travaux d'utilité publique. — En ce qui concerne cette première catégorie de travaux, l'Etat a fait insérer dans les cahiers des charges des Compagnies de chemins de fer une clause qui les astreint *à se soumettre aux décisions ministé-rielles concernant l'interdiction du travail les jours fériés*. Cette mesure est suffisante, en ce sens qu'elle permet aux ingé-nieurs d'imposer la cessation du travail aux entrepreneurs qui généralement s'en soucient peu. L'habitude en est prise, et de ce côté la cause est gagnée ; il n'y a donc qu'à persé-vérer dans la voie où l'on s'est engagé.

2° Travaux d'entretien. — Ils peuvent se subdiviser en deux classes : ceux qui concernent l'entretien des bâtiments, des voies et du matériel, et auxquels les habitudes prises pour les travaux de construction se sont naturellement étendues ; pour ceux qui regardent la surveillance de la voie et qui sont nécesssaires pour en assurer la sécurité, une difficulté se présentait qui a pu être facilement résolue : certaines Com-pagnies laissent, chaque dimanche, une entière liberté à la moitié de leurs agents. Il faudrait que cette pratique se généralisât et que le roulement du personnel fût organisé de telle sorte qu'aucun agent ne fût de service deux di-manches de suite.

3° Service des voyageurs et des messageries. — Dans les cir-constances actuelles, l'orateur ne pense pas qu'il soit opportun d'introduire aucune modification dans le service des transports à grande vitesse ; les besoins sont impérieux, et en voulant les contrarier, on se heurterait certainement à des difficultés presque insurmontables ; il faut donc se borner à demander que le roulement du personnel soit assuré dans les mêmes conditions que pour les travaux d'entretien.

4° Service des manœuvres dans les gares de triage. — Le clas-sement des wagons est une des plus grosses difficultés de l'exploitation actuelle des chemins de fer ; on est forcé d'y travailler nuit et jour, et on ne saurait rien demander sur cette catégorie particulière de travaux, au moins pour le moment.

5° *Service du mouvement de traction des marchandises.* — Là encore de nombreuses difficultés se présentent : pour modifier le service , en le supprimant le dimanche , il faudrait que les Compagnies augmentassent à la fois les voies de garage , le personnel et le matériel des trains , etc... Cela est presque impossible pour le moment ; un jour viendra peut-être où le Ministre compétent , s'appuyant sur l'article 50 du cahier des charges , pourra interdire le mouvement des trains de marchandises le dimanche , comme on le fait en Angleterre et comme il est question de le faire en Suisse.

6° *Service des marchandises à petite vitesse.* — Pour le service des marchandises à petite vitesse, les Compagnies françaises sont liées par un arrêté ministériel auquel elles sont tenues de se conformer. Il s'agit de les délier de cette obligation et de faire disparaître la contradiction singulière que présentent des arrêtés émanant du même ministère, dont l'un interdit le travail du dimanche sur les chantiers de travaux publics, tandis que l'autre le prescrit dans les gares des chemins de fer. L'orateur expose rapidement la législation actuelle qui régit les transports par petite vitesse ; les questions de délais de transport , de fermeture et d'ouverture des gares de petite vitesse, etc., sont successivement examinées, et il reste établi que 30,000 ouvriers ou employés sont soumis à un travail incessant, véritable esclavage qui ne connaît ni devoirs religieux, ni devoirs de famille. Pour remédier à ce funeste état de choses, il ne faut absolument que modifier les conditions de délais de transport, d'ouverture et de fermeture des gares de petite vitesse ; et M. Michel, après avoir démontré combien cela serait facile à faire, conclut en soumettant au Congrès le texte d'une pétition adressée aux Chambres de commerce et tendant à obtenir d'elles des démarches auprès du Ministre des travaux publics pour que l'article 13 de l'arrêté ministériel du 12 juillet 1866 soit modifié comme il suit :

« Les gares de marchandises seront fermées les dimanches

et jours fériés ; les livraisons des marchandises à faire les dimanches et jours fériés seront remises_au jour suivant ; dans ce cas, les délais réglementaires fixés pour la livraison aussi bien que pour la perception des droits de magasinage seront augmentés d'un jour. »

Cette proposition est adoptée par le Congrès et vivement applaudie.

M. François de Lautrec a la parole pour donner lecture d'un rapport sur le Patronage des jeunes apprentis de Béziers ; ce rapport est présenté au nom de la Commission des Œuvres ouvrières.

M. le Rapporteur dit que la fondation du Patronage de Béziers remonte à 1866 ; que cette création est due à l'initiative de la Conférence de Saint Vincent de Paul, qui, depuis 1864 déjà, s'occupait du patronage des écoliers et qui sentait la nécessité et l'urgence d'étendre son action protectrice, au delà de l'école, pendant cette période qui s'écoule de 15 à 20 ans et qui, pour tous les jeunes gens, est une tempête continuelle dans laquelle sont brisées et englouties tant d'âmes faibles et chancelantes.

Donc, le 1er janvier 1866, le Patronage était prêt dans un local bien choisi et parfaitement situé ; M. le Rapporteur fait remarquer, avec beaucoup de justesse, toute l'importance que le choix du local exerce sur le succès d'une œuvre ouvrière. Bientôt les salles et les cours furent remplies. Les fondateurs du Patronage crurent qu'ils n'avaient plus qu'à se féliciter d'un succès éclatant et à en remercier Dieu ; mais ce n'était qu'un rêve : « Ah ! s'écrie M. le Rapporteur, si toute cette jeunesse s'était précipitée dans cette enceinte protectrice pour y abriter sa vertu et mettre un mur de séparation entre son innocence et les influences délétères du dehors, nous aurions pu moissonner avant d'avoir arrosé les sillons de nos sueurs ! » Mais ce n'était qu'une illusion ; tous les jeunes gens, qui s'étaient présentés, avaient été admis ; c'était une faute.

Pour fonder un patronage de jeunes gens, il faut tout d'abord avoir un noyau sur lequel on puisse compter ; il faut moins chercher le nombre que la qualité, si l'on veut s'épargner les cruelles déceptions que donne la corruption des bons par le contact des mauvais. Parmi toutes les qualités qu'il faut rechercher, la piété est la première à demander ; car seule elle peut retenir au Patronage et le faire mieux aimer que la multiplicité des jeux et des distractions que l'on peut y rencontrer. Et quand on trouve un fruit gâté parmi ceux qui le composent, il ne faut jamais hésiter à sévir promptement ; la contagion du mal est si terrible que toute hésitation serait une faute irréparable.

M. le Rapporteur dit ensuite toute la difficulté qu'il y a encore à trouver le personnel qui doit se charger de diriger un patronage. Tous les dévouements sont nécessaires et utiles, mais les patronages ont tout avantage à être créés, lorsque cela est possible, par les Conférences de Saint Vincent de Paul, dont le personnel, formé de longue main par l'exercice de la charité chrétienne, est apte à toutes les œuvres catholiques. Mais quand cela n'est pas possible, on trouve dans les Frères des Ecoles Chrétiennes des auxiliaires d'un dévouement sans égal, aux classes ouvrières surtout, et qui, dans maintes circonstances, sont venus apporter aux œuvres catholiques un concours des plus précieux ; ainsi à Béziers, ils joignent leur efforts à ceux des fondateurs du Patronage et depuis qu'un T. C. Frère s'occupe spécialement de l'œuvre, on peut enregistrer de notables améliorations. Mais l'apostolat laïque est nécessaire, parce que les jeunes gens des patronages sont flattés d'être soutenus dans la bonne voie par des hommes du monde, qui viennent leur donner des moments qu'ils pourraient souvent consacrer à un légitime repos, et surtout parce qu'ils leur donnent l'exemple de la pratique de la religion catholique, exemple d'autant plus puissant qu'il vient de plus haut.

A côté de tous ces moyens d'action, il ne faut pas oublier

de citer l'influence du prêtre, qui joue un rôle prépondérant, et, à ce propos, M. le Rapporteur exprime le regret qu'un aumônier particulier ne puisse pas être attaché à chaque œuvre. Puis, M. le Rapporteur donne quelques détails sur le fonctionnement intérieur du Patronage, et conclut en montrant que, si la classe ouvrière est si corrompue, c'est parce que, trop souvent, les classes dirigeantes ont oublié leurs devoirs envers elle et n'ont plus le désir ou la force de porter haut le drapeau de la Foi. Il exprime aussi le désir de voir les jeunes gens devenir l'objet de toutes les sollicitudes, les maisons de Patronage se multiplier en grand nombre : « Le mal est partout, dit-il en terminant, il faut une réaction énergique et efficace ; il n'y a pas d'obstacle qui puisse nous arrêter, et si notre bonne volonté pose la première pierre de l'édifice, certainement Dieu se chargera d'y placer le couronnement. »

De chaleureux applaudissements accueillent les paroles de M. F. de Lautrec, témoignage indiscutable de la sympathie du Congrès pour l'œuvre et pour M. le Rapporteur.

La parole est à M. Auguste de Lautrec, président du Comité du Cercle catholique d'Ouvriers de Béziers, qui, dans un discours des plus intéressants, raconte au Congrès l'histoire du Cercle catholique d'Ouvriers de Béziers. L'orateur montre les sentiments touchants dont sont animés les membres du Cercle ; il parle de leurs sentiments de reconnaissance, et raconte avec émotion le don qui lui a été fait, le 1er janvier, d'une montre à remontoir en argent, comme témoignage de leur gratitude pour les quelques services qu'il avait été assez heureux de rendre au Cercle des Ouvriers.

L'émotion toute naturelle de l'orateur est partagée par le Congrès, dont les unanimes applaudissements félicitent à la fois, et M. de Lautrec, et les membres du Cercle de Béziers, de leurs sentiments élevés et vraiment touchants.

M. Léon Faisant, au nom de la Commission des OEuvres, présente un court exposé sur l'OEuvre du Cercle catholique des Etudiants.

La pensée inspiratrice de cette OEuvre est toute entière dans le désir de soustraire aux entraînements de la vie les jeunes gens que leurs études éloignent pour longtemps de leurs familles, en leur donnant, dans un milieu honnête, des distractions nécessaires à leur âge, et surtout en leur assurant la fréquentation de condisciples bien pensants et pieux.

Le Rapporteur expose les moyens employés pour arriver à ces résultats : comme moyens d'union, assistance à une messe dite tous les dimanches spécialement pour le Cercle, par les T. R. P. Jésuites de Montpellier, dont l'un d'eux est directeur spirituel de l'OEuvre ; travail en commun dans une salle de lecture ; jouissance d'une bibliothèque, peu riche encore (car le Cercle ne compte que cinq mois d'existence), mais que l'on travaille ardemment à accroître ; organisation de conférences scientifiques et littéraires. Comme distractions, différents jeux sont mis à la disposition des membres du Cercle, mais les jeux d'argent sont absolument interdits. Le Cercle célèbrera chaque année, avec toute la solennité possible, la fête de Saint-François-de-Sales, qu'il a choisi comme patron, et, comme il se compose en grande partie d'étudiants en médecine, un service annuel sera célébré pour le repos de l'âme des personnes que les nécessités des études médicales privent d'une sépulture immédiate pour les livrer aux travaux anatomiques. Par cette pieuse pratique, les membres du Cercle ont voulu affirmer leur croyance inébranlable au dogme de l'immortalité de l'âme et de la vie future.

En terminant, le Rapporteur donne quelques détails sur l'organisation administrative et financière du Cercle, et exprime le désir d'avoir attiré la sympathie du Congrès sur cette OEuvre naissante ; il remercie publiquement Sa Grandeur Monseigneur de Montpellier d'avoir bien voulu accepter la présidence d'honneur du Cercle catholique des Etudiants, car c'est la meilleure preuve de son utilité. — Ces dernières paroles sont accueillies par les applaudissements de l'auditoire.

M. Léon Gayraud, dans un rapport plein de verve et d'érudition, fait connaître, au nom de la Commission de l'Art chrétien, les causes de décadence de la peinture sacrée. M. le Rapporteur rappelle tout d'abord ce qu'a fait le Comité catholique de Montpellier, qui, en décernant l'année dernière une médaille d'or à M. Melchior Doze (de Nimes), s'est proposé d'encourager la peinture religieuse, et de ranimer chez les artistes et dans le public l'étude et le goût de l'art chrétien.

Cette modeste tentative fut diversement accueillie : certains artistes ne voulurent y voir qu'une manifestation surannée de gens d'un autre âge, attardés dans un siècle de progrès matériel et d'indifférence religieuse ; d'autres se prirent à espérer qu'un peu de bien pourrait résulter pour l'art de l'appui des nombreux Comités catholiques qui se fondent de toutes parts.

C'est pour cela que la Comission de l'Art chrétien a cru devoir présenter quelques vœux à l'approbation du Congrès ; l'importance de l'art chrétien ne saurait échapper à personne, et l'Eglise catholique nous la rappelle chaque jour à la messe, par ces paroles : « *Dilexi decorem domus tuæ.* »

M. le Rapporteur signale les causes de décadence de l'art chrétien : ignorance presque complète des artistes en matière religieuse ; indifférence presque absolue du public ; défauts de l'enseignement officiel de la peinture, qui sacrifie tout au genre antique ; influence fâcheuse de l'uniformité des sujets donnés à traiter dans les concours pour les prix de Rome ; mauvais choix, au point de vue de l'esthétique sacrée, des tableaux achetés chaque année par l'Etat pour l'ornementation des musées ou des églises ; enfin, recherche exagérée du bon marché dans les achats de peintures que fait le clergé lui-même. M. le Rapporteur termine cette première partie de son travail, en montrant l'influence pernicieuse qu'exerce sur la société actuelle le goût trop répandu, hélas ! des peintures frivoles ; la gravure, la lithographie et la photographie les répandent dans les masses, et, en vulgarisant des œuvres souvent immorales et malsaines, complètent l'action démoralisatrice des arts, détournés ainsi de leur but primitif, l'élévation de l'âme.

Que faut-il faire pour réagir ? Telle est la demande que M. le Rapporteur se pose dans la seconde partie de son rapport, et il propose successivement de ne faire les embellissements aux églises que petit à petit, à cause du prix considérable qu'ont atteint les œuvres d'art ; de ne pas acheter les tableaux d'ornement des églises, les chemins de croix surtout, au mètre, et sans considérer la valeur intrinsèque au point de vue de l'art. M. le Rapporteur se demande enfin si, de même qu'il existe une commission chargée de surveiller le colportage en librairie, il ne serait pas possible d'établir pareille surveillance pour les objets d'art ou soi-disant tels ; il ajoute que les Comités catholiques devraient s'entendre sur le choix des moyens à prendre pour relever le goût du public, en faisant faire des réductions des œuvres des grands maîtres, et celui des artistes, en les encourageant par des récompenses et par l'achat de leurs travaux, à l'étude de l'esthétique sacrée.

M. le Rapporteur termine par le dépôt des conclusions suivantes, qui sont vivement applaudies et adoptées :

1° Que le Congrès renouvelle et appuie le vœu formulé par le Congrès général des Comités catholiques, le 24 mai 1873, demandant la création d'un Conseil supérieur des Beaux Arts ;

2° Que NN. SS. les Evêques daignent instituer, chacun dans leur diocèse, une commission spéciale, choisie par Leurs Grandeurs, et qui aurait pour mission : de surveiller l'enseignement de l'art chrétien, en attribuant dans les éta-

blissements d'instruction secondaire , dans les grands sémi-
naires et dans les universités catholiques , la part légitime
qui doit appartenir à l'étude de l'esthétique sacrée et de
l'archéologie chrétienne ; de sauvegarder les œuvres d'art
religieux remarquables à divers titres ; de donner son avis
sur tous les projets de constructions , réparations ou déco-
rations des édifices religieux avant leur présentation à la
Commission des bâtiments civils ; de recommander, pour
l'exécution de ces travaux , les artistes méritant son appui ;
d'exercer enfin un contrôle sévère sur toutes les productions
des différentes industries , telles qu'imagerie , orfèvrerie ,
fabrication d'ornements d'église , etc.... ; et , au besoin ,
d'interdire dans le diocèse la diffusion de celles dont la véritable piété ou le bon goût auraient à se plaindre ;

3° Que chaque Comité catholique fasse dresser un catalo-
gue raisonné de toutes les œuvres artistiques contenues dans
son ressort, et encourage de tout son pouvoir la produc-
tion des œuvres d'art chrétien par la création de médailles ,
concours ou expositions spéciales à ces œuvres ;

4° Que les Commissions d'Art chrétien soient autorisées à
se constituer une caisse particulière, qui serait alimentée par
des dons, par des souscriptions demandées aux fabriques ,
aux communautés religieuses , etc...; par des souscriptions
particulières de personnes s'intéressant à l'art chrétien ;

5° Que des réformes soient introduites dans l'enseignement
primaire des arts décoratifs , afin de leur donner plus de développement et surtout un caractère plus religieux ;

6° Enfin , de préparer et faciliter la réalisation de ces réformes par la fondation de prix destinés à couronner un
ouvrage élémentaire et pratique sur l'enseignement des arts
religieux dans les écoles primaires, et un traité d'archéologie
élémentaire à l'usage des écoles secondaires.

M. D'AIROLLÈS, au nom d'une des Sous-Commissions de
l'Art chrétien, s'occupe des moyens propres à améliorer et à

encourager, dans la célébration de la liturgie, le plain-chant et la musique vraiment religieuse. Dans ce travail fort remarquable comme érudition spéciale sur la matière, M. d'Airolles résume , pour ménager les moments du Congrès, les rapports présentés à la Sous-Commission d'Art chrétien par M. Clément Coste (de Béziers) et par M. l'abbé Saunier, président de la sous-commission. M. d'Airolles fait tout d'abord un exposé des règles générales de la musique, il fait ressortir les différences qui séparent la musique ancienne de la musique moderne, et les difficultés que nos anciens auteurs ont eu à vaincre avec les faibles moyens dont ils ont disposé. Malgré une certaine imperfection dans l'art de la musique, les premiers chrétiens et les auteurs du moyen âge ont fait passer dans leurs chants religieux toute la foi dont ils étaient animés. Leurs chants ont ravi nos ancêtres, et, nous-mêmes, nous sommes frappés de la grandeur de ces compositions simples et naïves. M. le Rapporteur rappelle les Confessions de Saint-Augustin, où le grand Evêque raconte les impressions religieuses que la musique de son temps lui a inspirées. Il nous montre Charlemagne et le roi Robert composant des hymnes qui sont parvenues jusqu'à nous. La musique est un moyen d'élever l'âme vers Dieu, que nous ne devons pas négliger.

M. Clément Coste, dit M. le Rapporteur, a exposé les tentatives faites à Béziers pour faire revivre le goût des chants liturgiques ; un comité a été fondé dans ce but, et s'est attaché spécialement à former des enfants, qui pourront plus tard servir de chantres dans nos églises. La première maîtrise a été établie par les soins de MM. les Membres de la fabrique de Sainte-Magdeleine, à l'aide d'une souscription et de subventions particulières, et ils ont déjà obtenu de bons résultats. Des enfants des Frères convenablement rétribués sont réunis en une classe spéciale, et reçoivent cinq leçons de chant par semaine. L'exécution du plain-chant est surtout le but que se proposent les Membres du Comité ; mais les morceaux les plus religieux de la musique moderne seront aussi étudiés et chantés dans nos églises les jours de grande fête. Le Conseil de fabrique de Saint-Nazaire est en voie d'entreprendre la même fondation.

Dans le rapport de M. l'abbé Saunier, on trouve un rapide et très-intéressant résumé de l'histoire de la musique sacrée, et M. d'Airolles, après en avoir rappelé les principaux faits, termine en déposant les conclusions suivantes, qui sont adoptées par acclamation :

1° Participation des fidèles aux chants liturgiques ;

2° Développement des maîtrises sous forme d'écoles paroissiales libres ayant le droit d'enseigner le latin et subventionnées par la fabrique ;

3° Fondation d'une école supérieure de plain-chant, celle des Pénitents-Blancs pourrait être adoptée ;

4° Donner des diplômes aux chantres qui sortiront de ces écoles ;

5° Consacrer dans les écoles des Frères une classe spéciale à l'étude du plain-chant ; le samedi paraît le jour le plus convenable, parce que les enfants y seraient préparés à l'office du lendemain ;

6° Enfin, fonder des prix pour la classe de plain-chant des écoles des Frères ; l'obtention de ces prix permettrait d'entrer à l'École supérieure.

L'heure avancée ne permettant pas de donner lecture des rapports de MM. Gilbert et Bourouilhou sur les arts décoratifs et sur l'œuvre de Notre-Dame des vocations, Monseigneur PAULINIER, Evêque de Grenoble, prend la parole pour remercier le Congrès de l'honneur qui lui a été fait en le choisissant pour présider cette intéressante réunion.

Sa Grandeur exprime d'abord le regret que cet honneur, qui lui a été fait, prive les Membres du Congrès du bonheur d'entendre la parole de Monseigneur de Montpellier ; se félicitant et se réjouissant de tout ce qu'il a entendu dans cette séance, Monseigneur Paulinier croit assister à la réalisation d'un rêve qu'il avait fait autrefois, alors qu'il était curé à Montpellier. A cette époque, Sa Grandeur se demandait souvent pourquoi les œuvres n'étaient pas plus nombreuses dans cette ville, où se rencontraient réunis et groupés tant de bonnes volontés, d'ardeur et de zèle. Ah! s'écrie-t-il, c'est qu'il manquait à cette ville un homme qui se dévouât, qui ne reculât devant aucun sacrifice et qui animât tout le monde du souffle de sa parole et de la chaleur de son cœur, et quand cet homme s'est montré, quand il a été mis à la tête du diocèse, les fruits se sont montrés sur l'arbre et ont mûri. (Ces paroles, qui expriment si bien les sentiments de toutes les personnes présentes pour sa Grandeur Monseigneur de Montpellier, sont vivement applaudies.)

Monseigneur de Grenoble remercie le Congrès de l'accueil qui a été fait la veille à un prêtre de son diocèse, le R. P. Sambin, S. J., qui est venu plaider une cause de décentralisation et faire connaître la *Revue catholique des Institutions et du Droit*, dont le berceau est à Grenoble.

Résumant la séance du soir, Monseigneur dit qu'il a été ému par le rapport si touchant sur l'OEuvre du Denier de Saint-Pierre ; Sa Grandeur apprend au Congrès que cette organisation du Denier de Saint-Pierre sur le modèle de la Propagation de la foi est un désir, une pensée de Pie IX.

Sa Grandeur a été fort intéressée par le rapport sur l'OEuvre du Prêt Gratuit ; à Grenoble une œuvre semblable a existé et n'a pu se maintenir florissante au milieu des désastres qui ont accablé la France pendant ces dernières années.

Le repos et la sanctification du dimanche auront pour conséquences certaines, tout le monde en convient, la régénération de la famille et du pays ; Sa Grandeur ne saurait donc trop féliciter le Congrès des efforts qu'il fait pour les faire entrer dans la pratique.

Les Cercles catholiques d'Ouvriers, les œuvres de Patronage ont droit à la sympathie de Sa Grandeur ; ces deux sortes d'œuvres se lient l'une à l'autre de la façon la plus intime, parce que c'est dans les patronages que se recrutent tout naturellement les cercles, et Monseigneur affirme qu'il faut les établir ensemble pour en assurer le mutuel succès.

Monseigneur assure que l'OEuvre du Cercle catholique des Etudiants a toutes ses sympathies, et qu'il a été vivement ému et touché par la lecture du rapport sur cette nouvelle fondation ; Sa Grandeur ajoute qu'il envie, pour son diocèse et pour sa ville épiscopale, cette œuvre de préservation morale de la jeunesse.

Monseigneur félicite aussi le Congrès de porter son attention sur les questions d'art chrétien, si touchantes en elles-mêmes et dont l'influence est incontestable ; mais, ce qui réjouit surtout Sa Grandeur, c'est le mouvement de réveil de la foi catholique ; il est impossible que cela n'amène pas de grands et d'immenses résultats : la lutte est engagée entre la vérité et le mensonge, entre le catholicisme et le socialisme. La victoire est assurée au catholicisme, parce que le sentiment qui a fait naître, qui soutient et qui anime le socialisme, c'est la haine ; tandis que le catholicisme est inspiré par l'amour et par la charité. Monseigneur engage les membres du Congrès à aimer selon le Cœur de N. S. J.-C. ; il rappelle la mort d'un grand homme, dont les derniers moments édifiaient le prêtre qui assistait à son agonie, et qui, interrogé sur ce qu'il avait pu faire de bien ici bas pour obtenir de Dieu tant de grâce à l'heure de la mort, répondit : « Je n'ai jamais vu souffrir un cœur sans me sentir ému. » Si tous les catholiques faisaient ainsi, la victoire serait gagnée d'avance, parce que la lutte ne saurait avoir lieu, et Monseigneur Paulinier ne peut, en terminant, que renouveler ses exhortations à l'amour selon J.-C. et selon son divin Cœur.

Les applaudissements unanimes de l'assemblée accueillent les paroles de Sa Grandeur, qui veut bien donner sa bénédiction épiscopale.

La séance est levée à 10 heures et demie, après la prière d'usage.

COMPTE RENDU DE LA 3ᵉ SÉANCE.

Lundi 15 Janvier 1875.

La séance est ouverte à huit heures et quart par la prière d'usage.

Monseigneur DUBREUIL, Archevêque d'Avignon, a bien voulu accepter la présidence de la dernière séance du Congrès ; à ses côtés siégent Monseigneur de FORCADE, Archevêque d'Aix ; Nos Seigneurs les Évêques PLANTIER (de Nimes), PAULINIER (de Grenoble), LEUILLEUX (de Carcassonne) et DE CABRIÈRES (de Montpellier).

M. HARMEL, président du Congrès, donne lecture d'une lettre de M. l'abbé Caucanas, vicaire général du diocèse de Montpellier, transmettant une dépêche de Rome, dont voici le texte :

« Montpellier de Rome.

» *T. R.* CAUCANAS, *vicaire général de Montpellier.*

» Le Saint-Père remercie et bénit de tout son cœur les » membres des Comités catholiques du Midi réunis à Mont- » pellier et les travaux du Congrès.

« *Signé :* Cardinal ANTONELLI. »

La lecture de cette lettre est accueillie avec un grand enthousiasme et aux cris répétés de *Vive Pie IX ! Vive le Souverain Pontife ! Vive l'Église !*

M. Harmel donne également lecture de la lettre suivante, qui vient de lui être remise :

« *Monsieur le Président du Congrès,*

» A la suite de la communication que j'ai eu l'honneur de » faire à la séance de samedi, sur le *Cercle catholique des* » *Étudiants,* un membre du Congrès m'a fait parvenir, en

» gardant l'anonyme le plus complet , une somme de cinq
» cents francs destinée à venir en aide à cette œuvre nais-
» sante.

» Si la générosité a le droit de se cacher, la reconnaissance
» a le devoir de se manifester publiquement. Aussi, sans
» vouloir pénétrer l'anonyme de notre généreux bienfaiteur,
» mais espérant qu'il assistera à la réunion d'aujourd'hui, je
» vous prie , Monsieur le Président , de vouloir bien , en
» donnant lecture de cette lettre, être auprès de lui l'inter-
» prète des sentiments de vive gratitude de tous les membres
» du Cercle catholique des Étudiants.

» Recevez, Monsieur le Président , l'assurance de mes sen-
» timents les plus respectueux.

» Le Président du Cercle catholique des Etudiants ,

» *Signé :* Léon FAISANT. »

La parole est donnée à M. AUZOUY pour la lecture d'un
rapport présenté au nom de la Commission de la Presse et
résumant les travaux de cette Commission.

L'honorable rapporteur commence en remerciant la Commission de l'honneur qu'elle lui a fait en lui confiant le soin
de résumer ses travaux devant le Congrès , et réclame de
l'assemblée une indulgence dont tout le monde a trouvé
qu'il n'avait nul besoin.

Les études de la Commission de la Presse avaient, dit M. le
Rapporteur , pour objets :

1° De rechercher les moyens pratiques de répondre par la
voie de la Presse aux attaques des mauvais journaux ; de les
réprimer judiciairement, et d'organiser dans chaque département un Comité central de contentieux ;

2° D'examiner les questions relatives aux ateliers d'impri-
meurs chrétiens qu'on pourrait créer, soit par des associations d'ouvriers organisées en confréries ou en corpora-
rations , soit par l'établissement d'imprimeries dans les

monastères d'hommes, comme à Lérins, dans les couvents
de femmes, les asiles, etc... ;

3° De déterminer les mesures à prendre contre les abus
du colportage, et tirer, au contraire, de cette industrie le
plus de services possibles pour faire connaître la vérité, la
répandre, et aussi pour combattre l'erreur.

Ce vaste champ ouvert aux recherches de la Commission
a été exploré par ses membres, et, s'ils n'ont pas résolu
toutes les questions qui leur étaient implicitement proposées, ils sont arrivés tout au moins à formuler quelques
solutions importantes dont l'utilité ne saurait échapper au
Congrès, qui voudra bien (M. le Rapporteur l'espère) les
approuver, tandis que Dieu en rendra fructueuse la réalisation, si telle est sa volonté.

Tous les rapports présentés à la Commission expriment
une même considération principale et tous ont appelé l'attention sur le mal que produit la presse, et montré la dégrada-
tion intellectuelle, le désordre matériel, l'abaissement du
sens moral que produit, depuis un siècle, la presse impie,
hérétique et matérialiste. Recherchant les remèdes à apporter à ce déplorable état de choses, ils ont été conduits à
proposer des solutions différentes, suivant qu'ils avaient
porté plus spécialement leur attention sur tel ou tel point
du programme soumis à l'étude du Congrès.

En premier lieu, MM. Bérard (de Montpellier), Poujet
(de Bédarieux) et Chambaud (de Béziers) ont pensé qu'un
excellent moyen d'action serait dans l'extension, dans des
proportions considérables, de l'OEuvre des Bibliothèques
chrétiennes gratuites ; M. Bérard a raconté à la Commission
de la Presse la fondation de la Bibliothèque populaire du
faubourg de Nimes à Montpellier, et a dit comment cette
bibliothèque était arrivée, en moins de 10 ans, à faire cir-
culer annuellement 36,000 volumes.

M. Poujet a vivement intéressé, en apprenant à la Commission de la Presse, qu'à la suite d'un don de 200 volumes

fait au Comité catholique de Bédarieux, il s'était fondé dans cette ville une bibliothèque, qui, en deux ans à peine, était parvenue à posséder 1400 volumes et de nombreux lecteurs.

M. Chambaud a parlé à la Commission de la Presse de la bibliothèque fondée, il y a quelques années, à Béziers, par deux ecclésiastiques, et qui possède actuellement 6,000 volumes.

De cet ensemble de faits ressortent indiscutables l'importance et l'utilité des bibliothèques chrétiennes et gratuites ; aussi la Commission de la Presse propose-t-elle au Congrès les conclusions suivantes :

1° Les Comités catholiques sont invités à établir des bibliothèques chrétiennes, gratuites autant que possible, dans tous les centres de population assez importants pour fournir les éléments nécessaires à cette fondation ;

2° Les Comités catholiques sont aussi invités à rechercher et à mettre en pratique les moyens les plus propres à étendre les avantages de ces bibliothèques aux villages qui entourent la ville où elles sont établies.

Mais, continue M. Auzouy, il ne suffit pas de mettre de bons livres à la disposition de lecteurs bénévoles, qui viennent les chercher à la bibliothèque, il faut aller au-devant de ceux qui, indifférents ou hostiles, refusent d'ouvrir les yeux à la lumière et ferment leur intelligence à la vérité religieuse et morale. Cette remarque conduit tout naturellement M. le Rapporteur à examiner la question du colportage et le travail que M. le Vicomte Emmanuel de Serre a présenté sur ce sujet à la Commission de la Presse.

Dans ce remarquable travail, M. de Serre montre l'influence du colportage, qui, dans l'état actuel des choses, fait pénétrer le poison moral jusqu'au foyer de la famille, même dans les hameaux les plus reculés et qui semblent le plus inaccessibles. Que faire contre ce fléau de corruption morale ? M. le Vicomte de Serre demande, en premier lieu, que la loi actuelle sur le colportage, si imparfaite qu'elle soit, reçoive une application rigoureuse, et que les catholiques se fassent un devoir strict de signaler à l'autorité compétente les infractions à cette loi, toutes les fois qu'ils les constateront ; que les Comités catholiques élèvent la voix, quand l'autorisation légale aura été donnée à des œuvres malsaines, comme cela est arrivé quelquefois ; qu'ils réclament contre cet abus , et, au besoin, prient les députés catholiques de les signaler à l'Assemblée Nationale.

En second lieu, M. de Serre fait remarquer qu'il n'existe qu'une seule Commission de colportage, siégeant au Ministère de l'Intérieur; que la surveillance exercée par cette Commission unique peut souvent être mise en défaut par des causes nombreuses : travail trop considérable, influence instable par suite des changements fréquents de Ministres, etc..., et il émet le vœu qu'une Commission , choisie parmi les membres des conseils départementaux d'instruction publique, soit instituée pour chaque département.

En troisième lieu, M. le Vicomte de Serre propose, entre tous les hommes de cœur catholiques de la région du Midi, la formation d'une vaste association de colportage ; des réunions générales, tenues à époques fixes, seraient organisées et auraient pour but de centraliser le travail de l'association, de lui imprimer une direction unique , de lui donner une action commune , d'étudier les mesures à prendre pour arriver aux meilleurs résultats, et enfin de grouper les efforts individuels pour acquérir plus de force et de puissance par l'union de toutes les initiatives.

M. le Rapporteur de la Commission de la Presse, après avoir fait l'analyse du Rapport de M. le Vicomte de Serre, analyse dont nous venons de donner le résumé, continue dans le passage suivant, que nous croyons utile de reproduire entièrement ici, à cause de l'excessive importance des pensées et du projet qu'il développe :

« Telles sont les diverses conclusions du Rapport de M. le vicomte de Serre sur la question du colportage , et que la

Commission de la Presse propose au Congrès d'accueillir favorablement.

» Toutefois, en adoptant le principe salutaire de l'association proposée par ce rapporteur, la Commission a pensé qu'il y avait lieu d'étendre à des proportions bien plus considérables l'application de cette excellente pensée.

» Elle a conçu l'idée de convoquer à cette association tous les catholiques de France, par l'intermédiaire de leurs Comités, et de les inviter à former ainsi une ligue nationale et chrétienne contre l'erreur et le vice.

» Frappée de l'importance du but à atteindre, elle a cru qu'il n'était pas impossible d'organiser, avec l'aide de Dieu, un centre d'action plus étendu et plus puissant que ne peut l'être ce funeste génie du mal, qui, simultanément comme le Briarée et le Protée de la fable, étend de toutes parts ses bras innombrables et prend toutes les formes.

» Les ravages qu'il cause sont incommensurables ; ils se produisent sur toute la surface de notre pays, à tous les degrés de la hiérarchie sociale ; ce n'est donc pas une lutte partielle et localisée qu'il faut entreprendre.

» Il faut proportionner le remède au mal qui nous dévore, et puisque ce mal est universel, il faut l'attaquer partout à la fois.

» Pour parvenir à ce but que faut-il faire ?

» Il faut créer une institution permanente, durable, disposant d'un capital considérable, ayant des agents et des correspondants dans toute la France, et qui répande à profusion, par la voie de la presse, la vérité et la lumière.

» Il faut qu'elle produise des publications pour toutes les situations sociales ; il faut que par ses revues, ses brochures, ses traités, elle réfute les brochures et les traités des savants de la libre pensée, qui font tant de ravages dans les intelligences de notre jeunesse studieuse.

» Il faut que par des journaux à bon marché, par des livres attrayants, par une multitude de publications variées par lesquelles, sous des apparences agréables, la doctrine chrétienne et les préceptes de la morale pénètrent dans les cœurs, elle détruise peu à peu ces journaux athées, ces mauvais petits livres que l'impiété vend à vil prix à tous les coins de rue dans les villes, dans toutes les foires et dans tous les marchés des campagnes, et qui empoisonnent les populations à tous les degrés.

» Il faut, en un mot, que le contre-poison soit répandu avec plus d'abondance que ne l'est le poison, et que les forces combinées pour le bien deviennent supérieures par leur puissance, par leur organisation et par leur activité à celles qui sont au service du mal.

» Personne, je pense, ne contestera l'utilité et l'élévation de ce but envisagé par la Commission. Mais, dira-t-on, il est tellement considérable qu'il est impossible à atteindre.

» Eh bien ! Messieurs, la Commission ne l'a pas pensé ainsi ; à ses yeux rien n'est impossible pour des chrétiens, parce qu'ils ne s'appuient pas sur eux-mêmes, mais qu'ils cherchent leur force en Celui qui peut tout.

» Elle a cru qu'avec l'aide de Dieu, le résultat que je viens d'indiquer pourrait être obtenu au moyen de la constitution d'une Société anonyme par actions, formée par l'initiative des Comités catholiques de France. Les actions seraient émises à un taux assez bas pour être accessibles à beaucoup de monde, à 100 fr. par exemple, et pour augmenter encore leur diffusion, on pourrait les diviser en quarts d'actions, de façon à admettre quatre souscripteurs pour une action. Cette association se présenterait au monde catholique sous ce beau titre : *La Foi !* et elle proclamerait qu'elle se fonde, non pas en vue de procurer des avantages pécuniaires à ses actionnaires, mais uniquement pour la propagation et la défense de la foi catholique à l'intérieur de la France par la voie de la presse. Les statuts porteraient, que lorsque l'état des affaires de la Compagnie le permettrait, les actionnaires recevraient un intérêt de cinq pour cent, et que le capital des actions serait amorti progressivement ; mais qu'en dehors de ces deux emplois, tous les bénéfices seraient consacrés à l'extension et au développement des œuvres de publicité catholique.

» La Commission ne se dissimule pas les immenses difficultés d'une pareille entreprise, mais elle sait aussi que si, dans le temps où nous vivons, l'égoïsme paralyse beaucoup de cœurs, il y a cependant bien des âmes généreuses qui tressailleront à la pensée du bien immense que le succès de cette entreprise pourrait réaliser, et qui sauront s'imposer de nobles sacrifices pour y participer.

» Peut-être les débuts seront-ils, malgré cela, réduits à des proportions modestes, et faudra-t-il pendant quelque temps se borner à venir en aide aux œuvres déjà existantes, telles que celles des Campagnes, de saint Michel, de saint François-de-Sales, de saint Paul ; la *Revue catholique des Institutions et du Droit* de Grenoble, dont nous avons entendu avec tant de plaisir l'honorable Directeur à notre première séance générale. Mais, Dieu aidant, l'enfant naissant ne tarderait pas à grandir ; devenue, par le seul fait de sa constitution légale, une personne civile capable d'acquérir et de posséder, la Société verrait rapidement ses ressources s'accroître par l'adhésion de nouveaux actionnaires, par les dons et legs que lui feraient les âmes pieuses et par les souscriptions qu'on pourrait obtenir.

» Il arriverait certainement, et sans attendre peut-être bien longtemps, un moment où cette Société serait assez puissante, non-seulement pour aider et développer les œuvres dont je viens de parler et toutes les autres qui existent déjà, mais encore pour en fonder de nouvelles, pour créer des journaux dans les départements et à Paris ; pour avoir à sa solde des écrivains de talent en mesure de démasquer l'erreur partout où elle cherche à s'insinuer dans les esprits, et sous quelque manteau qu'elle se cache ; pour faire briller la vérité aux yeux des personnes instruites qui la cherchent sincèrement , et pour éclairer les intelligences moins cultivées , à tous les degrés de l'échelle sociale. -

» L'administration de cette Société trouverait des éléments précieux de succès et de prospérité dans l'établissement d'ateliers d'imprimerie , de pliage , de brochage et de reliure , qu'elle pourrait provoquer et dont elle aiderait la formation dans certaines communautés religieuses d'hommes et même de femmes dont la règle permettrait un semblable travail , ainsi que cela existe déjà dans l'île de Lérins pour l'imprimerie ; et tout en fournissant à ces communautés une source de travail qui contribuerait puissamment à leur développement , elle réaliserait elle-même des économies considérables dont le profit reviendrait à son œuvre.

» Alors elle pourait livrer à des prix accessibles à tout le monde des livres précieux dont la cherté actuelle éloigne malheureusement bien des lecteurs ; alors l'OEuvre des Bibliothèques dont nous parlions tout à l'heure recevrait une active et féconde impulsion , et on verrait les villes et les campagnes inondées de mille productions diverses , à la faveur desquelles , sous les titres et dans les formats les plus variés , les sentiments vertueux et l'amour de Jésus-Christ reprendraient leur place dans les cœurs.

» Telles sont, Messieurs, les espérances que votre Commission de la Presse a conçues, et qu'elle serait heureuse de vous voir partager.

» J'ai à peine besoin de dire qu'en entrant dans les détails qui précèdent , elle n'a pas eu la prétention de tracer une voie dont on ne devra point s'écarter : les honorables membres de la Commission au nom de laquelle je parle, pas plus que son rapporteur , n'ont la prétention de pouvoir résoudre aussi rapidement une question de cette gravité. Notre but consiste uniquement à soumettre au Congrès la pensée de la constitution de cette association nationale contre l'irréligion et le vice ; de lui communiquer notre désir de voir cette association se fonder, et notre conviction qu'elle contribuera puissamment à cette réédification de la société française, dont la nécessité a été constatée vendredi soir par le Révérend Père Sambin et après lui par Monseigneur de Cabrières.

» A l'appui de ce désir, nous avons cru pouvoir signaler un mode d'exécution qui nous paraît pouvoir produire un bon résultat, et nous concluons sur ce point à ce que le Congrès veuille bien prendre ce projet en considération, et charger M. le Président du Comité catholique de Montpellier de le soumettre au Congrès des délégués des Comités catholiques de France qui doit avoir lieu au mois d'avril à Paris, en demandant à cette assemblée de l'examiner et d'en faire l'objet d'une étude approfondie.

» Si cette étude est favorable à notre proposition, nous serons heureux de nous associer de toutes nos forces à sa réalisation. Dans le cas contraire, il y aura lieu de rester dans les limites indiquées au rapport de M. le vicomte de Serre, et de procéder à l'association pour le colportage des bons livres, dans la région du midi. »

Deux autres rapports ont encore été présentés à la Commission de la Presse, continue M. Auzouy : le premier par M. Aristide Gervais qui, s'inspirant des paroles prononcées par M. Auguste Roussel au Congrès de Paris de 1872, demande la répression des fausses nouvelles, la punition des calomnies, des outrages et des insultes qu'une certaine presse ne craint pas de jeter sans cesse à la Religion, à ses ministres et à Dieu lui-même ; répression et punition qu'il est nécessaire d'obtenir par voie judiciaire, en faisant comparaître, toutes les fois que cela sera possible, les personnes insultées comme parties civiles et en demandant des dommages-intérêts à cette presse calomniatrice, l'argent étant pour elle la partie la plus sensible. Les conclusions de M. Aristide Gervais sont :

1° Que par les soins de leurs Comités, les catholiques soient invités à se défendre contre les attaques des mauvais journaux ;

2° Qu'il soit établi dans chaque département un Comité central, ayant des correspondants dans toutes les localités où il le jugerait convenable, et chargé d'aider de ses conseils et de ses démarches tout catholique injurié ou diffamé par la mauvaise presse et qui voudrait obtenir réparation ;

» 3° Que les Comités catholiques se constituent en Comité de défense et poursuivent eux-mêmes, au nom des catholiques qui ne pourraient ou ne voudraient pas le faire, mais qui en donneraient l'autorisation, la réparation des outrages, torts et préjudice à eux causés à raison de leurs convictions religieuses.

Enfin, dans le dernier des rapports présentés à la Commission de la Presse, M. Léon Faisant, rappelant les conclusions prises sur les questionss concernant la presse et les vœux exprimés par les assemblées générales des Comités catholiques tenus chaque année à Paris, se demande pourquoi cet ensemble de mesures n'a pas produit des résultats plus considérables, et il formule nettement le regret de voir l'apathie, le manque d'énergie, l'indifférence d'un grand nombre de catholiques entraver et quelquefois même rendre impossible l'application de mesures excellentes dont la réalisation ne saurait manquer d'assurer le triomphe de la vérité contre le mensonge. Comme conclusion, il fait appel au dévouement, à l'abnégation de tous les catholiques ; il supplie tous les hommes de bien de ne pas hésiter à faire quelques sacrifices d'argent et de temps pour assurer le triomphe de la Religion.

M. le Rapporteur de la Commission de la Presse termine en priant le Congrès de vouloir bien accueillir favorablement les différentes propositions qu'il a eu l'honneur de lui soumettre.

Ces propositions sont votées par acclamation, et de nombreux et sympathiques applaudissements prouvent à M. Auzouy combien était grand l'intérêt qu'a excité son rapport.

La parole est donnée à M. le docteur E. BATIGNE pour la lecture d'un rapport sur les Confréries, fait au nom de la Commission des OEuvres ouvrières.

M. le Rapporteur, énumérant les différentes asssociations de secours mutuels qui existent à Montpellier et dont l'existence remonte à plusieurs siècles, cite successivement la Confrérie de la Croix, celle des Madelains, de Saint-Joseph, des Augustins, la Dévote et Royale Confrérie des Pénitents-Bleus, la Confrérie des Pénitents-Blancs ; il se demande pourquoi, au milieu de l'effrondement général, ces associations se soutiennent encore et sont prospères? C'est, dit-il, parce que toutes ont eu une base bien solide, l'esprit de religion et de charité, et qu'ainsi elles sont bâties sur le roc et non sur le sable.

M. le Rapporteur ne fera pas l'histoire de toutes les Confréries ; il s'arrêtera seulement à deux de ces associations qui, dans ces derniers temps, ont été plus-particulièrement sur la brèche, luttant toujours et sans cesse contre le mal et parfois avec quelque avantage. Ces deux associations sont la Dévote et Royale Confrérie des Pénitents-Bleus et la Confrérie des Pénitents-Blancs, qui, autrefois rivales, n'ont plus aujourd'hui d'autre rivalité que celle de bien faire.

M. le Rapporteur rappelle l'ancienneté de la fondation de la Dévote et Royale Confrérie des Pénitents-Bleus. Cette fondation remonte, en effet, au Xe siècle, bien que la date précise de sa création ne puisse être donnée exactement ; depuis cette époque et, pendant cette longue période d'années, au milieu des secousses du pays et des vicissitudes qu'elle a eu à supporter, elle a semé le bien autour d'elle, ramenant les âmes à Dieu, faisant sur la terre des hommes de volonté et se montrant ainsi à la hauteur de sa noble devise : « *Christo et rege, egenis et defunctis.* »

La Confrérie des Pénitents-Blancs date du XIIIe siècle, de l'époque où saint Dominique prêcha à Montpellier. On ne trouve pas les traces de son existence pendant les guerres de religion ; elle paraît avoir cessé d'exister pendant cette période de troubles , mais elle réapparaît le 16 avril 1602 , et depuis n'a pas cessé d'exister. Prier Dieu pour le triomphe de la religion et pour la patrie , implorer la clémence divine ont toujours été et sont encore ses buts principaux : ainsi, en 1634 , elle se rend à Notre-Dame-du-Grau, près d'Agde, pour remercier Dieu d'avoir délivré de la peste la ville de Montpellier ; de nos jours encore, le 17 août 1873 , 1500 hommes, revêtus tous du sac blanc, vont au même Sanctuaire demander à Dieu et à la Sainte Vierge aide et protection pour le Saint-Père et pour la France.

M. le Rapporteur entre dans quelques détails sur l'organisation intérieure et sur le règlement de la Confrérie des Pénitents-Blancs , et conclut dans les termes suivants : « Voilà , Messieurs, notre but : serrés les uns contre les autres ; groupés de plus en plus , soutenus, encouragés , puisant un nouveau zèle dans les encouragements que nous vous demandons , dans les conseils que nous vous supplions de nous donner , et que nous serons trop heureux de suivre avec la docilité du fils pour le père , de l'inexpérience pour l'expérience et le savoir , nous espérons, grâce à tous ces concours , grâce aux bénédictions de notre Évêque , à celle des Prélats nos bienfaiteurs, à la haute protection du vénéré Pie IX , nous espérons pouvoir faire quelque chose de bon et de bien pour Dieu et pour la patrie. »

Les dernières paroles de M. le Rapporteur sont saluées par de chaleureux applaudissements, qui témoignent de la sympathie des membres du Congrès pour les Associations dont on vient de les entretenir.

Au nom de la Commission des OEuvres ouvrières, M. Harmel, président du Congrès, donne lecture du vœu que la Commission a émis, et qui est acclamé par l'Assemblée :« Le Congrès, témoignant son admiration pour les résultats déjà atteints dans la restauration des Compagnies de Pénitents du diocèse, émet le vœu que ces efforts soient poursuivis dans les diverses paroisses, et que, pour atteindre ce but, le service religieux soit célébré dans leurs chapelles particulières, sous la direction des curés, aumôniers naturels des Confréries qui n'en ont pas; il émet de plus le vœu que des aumôniers spéciaux soient demandés à Monseigneur. »

M. le Président du Congrès, donne également lecture des vœux suivants, émis par les Commissions des OEuvres de Prières et des OEuvres en général :

1° *Société de Saint Vincent de Paul :*

Le Congrès des Comités catholiques du Midi supplie très-respectueusement NN. SS. les Évêques de favoriser dans leurs diocèses le développement de la Société de Saint Vincent de Paul, qui a puissamment contribué à la renaissance religieuse de ces derniers temps.

Le Congrès indique les moyens suivants, comme devant servir plus particulièrement à la multiplication des Conférences :

1° Création d'un Conseil central dans chaque diocèse, pour relier entre elles les Conférences, les rattacher plus étroitement au Conseil général, et s'occuper d'en fonder de nouvelles ;

2° Établissement de Conférences de Saint Vincent de Paul dans les paroisses de campagne, dans les maisons d'éducation et dans les Patronages et Cercles ouvriers ;

3° Exhortations adressées aux membres du Clergé, par NN. SS. les Évêques, dans les mandements et les retraites pastorales, pour engager Messieurs les Curés à contribuer de tout leur pouvoir à la création de Conférences, et à l'accroissement et au succès de celles qui existent :

2° *Gratuité des places dans les églises :*

Le Congrès des Comités catholiques du Midi s'associe au désir exprimé déjà par le Congrès de Lille et de Bordeaux, que la gratuité des places dans les églises soit assurée.

En attendant l'époque forcément éloignée où ce but pourra

être atteint, il recommande instamment aux Comités de la région de chercher, d'accord avec l'autorité ecclésiastique, les moyens d'arriver à donner aux hommes et aux classes pauvres un bon nombre de places gratuites, sans nuire aux ressources actuelles des fabriques, si nécessaires à l'entretien et à la dignité du culte.

M. Harmel lit, au nom de la Commission des Œuvres ouvrières, un rapport important sur l'organisation des Œuvres de l'Usine.

Il envisage les devoirs des patrons, et les moyens pour les patrons de remplir ces devoirs ; l'unité est la force par excellence, elle doit exister : 1° parmi les auteurs des entreprises industrielles ; 2° dans les moyens ; 3° dans l'objet.

Devoirs du patron. — Le principe d'autorité, qui est la base de tout ordre social, a été attaqué par la révolution, et c'est la cause de tous nos maux. Mais l'ouvrier n'est pas seul coupable ; le patron qui ne s'occupe que de ses intérêts matériels et laisse ses ouvriers abandonnés aux influences antireligieuses, qui lui-même est hostile à la religion catholique, est aussi responsable du mal général. Le chef de l'usine doit s'occuper activement de ses ouvriers, au risque de compromettre ses intérêts ou de diminuer ses bénéfices. Le système qui consiste à abandonner l'ouvrier à lui-même, de crainte d'attenter à sa liberté, est anticatholique et antisocial ; un foyer d'infection ne peut être laissé au centre d'une grande cité, et l'infection morale est cent fois pire que l'autre ; ce principe libéral est antipathique au cœur d'un père ; c'est l'esclavage antique et l'égoïsme général. Les forces du mal sont plus grandes que celles du bien, et l'action catholique du patron doit rétablir l'équilibre. Il doit estimer une âme plus que les biens matériels, dût-il ne recevoir sa récompense que dans l'autre monde. Ses devoirs sont de trois sortes : 1° empêcher le mal ; 2° procurer le bien par une organisation vraiment chrétienne ; 3° assurer la persévérance par l'attrait de l'utile et de l'agréable.

Ici l'orateur cite la parabole du Samaritain. Le pauvre voyageur c'est l'ouvrier abandonné aux mauvaises influences ; le philanthrope antireligieux passe outre, le libéral faiseur de théories agit de même ; mais le bon samaritain, qui n'est autre que le vrai chrétien, compatissant aux blessures morales, cherche à faire rentrer dans la bonne voie le pauvre ouvrier égaré. Le philosophe et le libre-penseur prêchent la liberté, l'égalité et la fraternité, et ne font rien pour diminuer les maux de l'humanité ; mais le patron chrétien cherche à rappeler l'ouvrier dans ses devoirs, d'abord en le conduisant à l'église catholique, puis en l'y maintenant sous la sauvegarde de la morale, enfin en lui donnant tous les soins matériels qui lui sont nécessaires.

L'union est le grand moyen d'action.

1° *Union des catholiques.* — L'union est nécessaire et conforme au principe chrétien ; la dispersion des forces a duré trop longtemps, nous devons faire cesser ce mal qui stérilise nos efforts. « Dieu nous fait un grand honneur en nous appelant à l'aider à sauver les âmes. » Les difficultés que nous rencontrerons, nous seront un mérite devant Dieu. Le Comité des Œuvres de l'Usine établi par le Congrès de Lyon nous offre un type que nous pouvons imiter. Toutes les œuvres s'y trouvent réunies : le bureau central représentant l'autorité ecclésiastique, les Lazaristes et les Frères de la Doctrine chrétienne, dont les délégués assistent aux réunions, personnifient les ordres religieux d'hommes et de femmes ; l'œuvre du Cercle catholique d'ouvriers représente les classes laborieuses, la société de Saint Vincent de Paul la réunion des hommes charitables ; enfin, l'œuvre des Comités catholiques est comme le résumé de la société laïque catholique et agissante.

L'union des patrons est nécessaire et pourrait prendre la forme suivante : Toutes personnes ayant un intérêt industriel, même celles qui n'observent pas le précepte de la religion, formeraient une ligue de réforme. Chacun s'obligerait à verser une cotisation proportionnelle au salaire de ses ouvriers, laquelle servirait : 1° au fonctionnement des œuvres économiques ; 2° à la fondation et à l'entretien des cercles, des œuvres de filles et femmes, etc. Les éléments purement chrétiens entreraient dans les comités des cercles, les conseils de quartier et la commission mixte, qui veillerait spécialement à l'organisation ouvrière.

Ce système a déjà été mis en pratique à Mulhouse, malheureusement dans un but uniquement philanthropique. Les membres s'engagent à verser tous les mois 1 0/0 de la totalité des salaires et 2 0/0 mensuellement sur les salaires des ouvriers, qui consentent à une retenue de 3 0/0 pour la caisse des retraites. Ces versements produisent une somme annuelle de 50 à 60,000 fr. par an, et la société, qui a déjà 23 ans d'existence, possède 195,000 fr. de fond de réserve. Elle paie des pensions, donne des secours, s'occupe des logements, des écoles et de tout ce qui contribue à l'amélioration matérielle de l'ouvrier.

2° *Unité des moyens.* — Dieu nous a donné les moyens de réussir, mais en même temps il nous a fait corps et âme, c'est-à-dire que les moyens doivent s'appliquer à l'âme et au corps. Il n'est pas vrai de dire que les moyens matériels sont mauvais, parce qu'ils présentent le danger de pousser les ouvriers à l'hypocrisie. L'ancien Testament dit : « Honore ton père et ta mère afin de vivre longtemps. » Ici l'observance du précepte trouve en ce monde sa récompense matérielle ; c'est la funeste hérésie de Jansénius, qui voulait nous convaincre que la vertu doit être aimée par elle-même, et que la religion était une doctrine purement immatérielle, organisée sans le concours des éléments humains et matériels. Nous affirmons, avec l'Église, que la vertu a le plus souvent sa récompense dans ce monde même, le bonheur accompagne la vertu, bonheur dans la famille par l'aisance, par la paix et la tranquillité.

L'Œuvre de l'Usine sera organisée sur ces bases ; elle comprendra :

1° Pour l'instruction : les écoles primaires gratuites , les fournitures de classe gratuites , les concours et récompenses publiques trois fois l'an , la visite des écoles par les délégués du Comité , les écoles professionnelles ;

2° Pour la famille : logements moraux, dots aux filles, célébration des mariages chrétiens avec toute la pompe des cérémonies religieuses , aide donnée aux contractants pour remplir les formalités légales , enterrements gratuits et honorés, place spéciale au cimetière pour les membres de la corporation et protection des survivants , hôtelleries pour les étrangers , pensions et logements pour ceux qui nont plus ni femme ni fille , maisons de retraite pour les vieillards , maison de famille pour les orphelins ;

3° Pour la santé : soins des malades , visite des malades à l'hôpital, médecins et médicaments gratuits , soins spéciaux pour les jeunes mères et les jeunes enfants, crèches ;

4° Pour l'aisance : nourriture et vêtements à bon marché , caisse d'épargne , caisse de secours , caisse de retraite, assurances ;

5° Pour le travail : placement des ouvriers chez des patrons chrétiens ;

6° Pour la joie : fêtes et amusements pour tous les âges.

Toutes ces entreprises pieuses seraient l'œuvre des ouvriers eux-mêmes ; chaque Cercle nommerait ses dignitaires, qui s'assembleraient toutes les semaines et donneraient l'impulsion à toute chose ; le président ou patron ne fera que les diriger et les conseiller de crainte de faire naître la méfiance. Par la mise en pratique de ces théories religieuses, nous procurerons aux ouvriers, dans ce monde , la véritable paix et le vrai bonheur.

3° *Unité dans l'objet.* — Tous les éléments doivent concourir à la formation des Associations ouvrières, les pères et les enfants, mais spécialement les pères et mères qui sont déjà moralisés, par la responsabilité qui leur incombe comme chefs de famille. Mais il est prudent et même nécessaire , de ne choisir les membres des Associations que dans une même catégorie d'ouvriers , déjà unis par des intérêts semblables.

L'orateur conclut en conjurant ses auditeurs de se hâter dans la fondation des Œuvres de l'Usine, sans regarder les difficultés et sans se laisser arrêter par les conseils de la prudence humaine. Il finit par une invocation au Sacré-Cœur de Jésus , qui est le foyer de la charité et l'inspirateur de toutes les grandes œuvres civilisatrices.

Voici les conclusions prises dans les Comités des Œuvres ouvrières :

1° Le Comité adopte la formation immédiate d'une Commission mixte des Œuvres de la famille ouvrière.

2° Cette Commission se compose ainsi qu'il suit : président, Mgr l'Évêque de Montpellier ; vice-présidents désignés par Monseigneur : un prêtre et un laïque de la ville de Montpellier ; vice-présidents honoraires : des correspondants choisis dans les centres de populations ouvrières ; secrétaires et vice-secrétaires ; membres délégués du clergé diocésain, des ordres religieux, des Frères des Écoles chrétiennes, du Comité catholique, du Comité des Cercles, des Conférences de Saint Vincent de Paul , des Confréries de Pénitents.

3° Cette Commission a pour but : d'étudier le moyen de créer les Associations ouvrières catholiques dans les centres industriels, de rechercher les moyens d'introduire ces mêmes Associations parmi les populations agricoles.

4° La Commission fera la statistique des Associations ouvrières existant dans le diocèse , pour commencer là où ce sera possible , avec les ressources déjà existantes.

5° Elle créera des Comités de dames patronesses, présidées par des prêtres désignés par Monseigneur , et destinés à susciter des Associations de jeunes filles et de mères dans la population ouvrière.

La parole est à M. le COMTE DE LANSADE , chargé par la Commission d'Enseignement d'un rapport sur la création d'une Université catholique libre.

Après avoir exposé ce que les Évêques ont déjà fait, avec le concours des catholiques, dans la province de Cambrai, ainsi qu'à Angers, pour la fondation d'Universités canoniques, M. le Rapporteur se demande :

« Qu'allons-nous faire pour cela dans le Midi? Exactement ce qui s'est fait dans le Nord, nous adresser en suppliants à NN. SS. les Évêques. Nous ne pouvons rien qu'avec eux et par eux; le pourrions-nous, que nous ne devrions pas le vouloir. Certains nous diront peut-être qu'à ce compte nous ferions mieux de nous taire, et d'attendre, sans nous mêler de ce que nous ne pouvons pas mener à effet nous-mêmes. Répondons hardiment que le respect poussé à cet abus deviendrait une injure. Dieu veut qu'on le prie, et ses ministres, parmi nous, désirent de leur peuple chrétien, peuple de fils, une confiance filiale. Ce qui nous est interdit, c'est de prétendre montrer à nos guides le chemin. Aussi quand nous citons pour exemple ce qui s'est fait dans le Nord, c'est uniquement pour faire voir qu'il est possible d'arriver au but, et nullement pour indiquer une marche. On peut faire autrement, peut-être mieux, nous n'en savons rien : à nos pasteurs de nous conduire. Tout ce qui nous incombe, c'est de dire que nous avons faim de la vraie science, faim pour nous, pour nos enfants, pour notre société indigente de doctrine, pour les générations à venir. Nous osons leur demander une nourriture saine dans l'éducation de la jeunesse, assurés de ne recevoir d'eux ni la pierre, ni le serpent, ni le scorpion dont parle l'Evangile, et qui représentent la pâture que la civilisation antichrétienne prépare à ses nourrissons.

» Prosternés donc humblement aux pieds de NN. SS. les Evêques, nous les conjurons et les supplions de prendre en main l'établissement d'Universités catholiques dans notre région. Telle devait être toute la conclusion de ce discours. Mais, à Montpellier, nous avions compté sans nos hôtes. Ceux qui connaissent mieux ce qui se prépare à Angers et ont vu de près ce qui s'est fait à Lille, ont trouvé que nous nous tenions trop sur la réserve. La Commission de l'Enseignement, poussée et encouragée de la sorte, a émis à l'unanimité le vœu qu'une commission spéciale soit choisie par le Congrès ou par ses bureaux, pour être chargée d'étudier et de préparer, sous la direction et les ordres de NN. SS. les Évêques, l'établissement d'une Université catholique dans le Midi. »

Les conclusions de M. le Rapporteur sont adoptées, et les applaudissements de tout l'auditoire prouvent à M. le Comte de Lansade combien était grand l'intérêt que tous les catholiques attachent à la question qu'il a traitée devant le Congrès, avec autant d'élévation dans la pensée que de finesse dans l'expression.

Monseigneur de Cabrières, Évêque de Montpellier et Président d'honneur du Congrès, prend la parole, et remercie les Prélats qui ont bien voulu assister aux fêtes de la bénédiction de la Cathédrale et aux réunions du Congrès. Sa Grandeur remercie aussi les promoteurs du Congrès, et est heureuse de les saluer comme des fils. Monseigneur les félicite du choix qu'ils ont fait de M. Harmel, comme président de cette réunion catholique, qui a su en apprécier à leur haute valeur les travaux personnels, et qui a montré le cas qu'elle en faisait par ses chaleureux applaudissements si souvent répétés.

Monseigneur remercie toutes les personnes présentes aux réunions du Congrès ; il les bénit, parce qu'elles ont réalisé son désir le plus ardent, son vœu le plus cher, en lui élevant une Cathédrale d'âmes chrétiennes, à côté d'une Basilique de pierres.

Monseigneur remercie MM. les Rapporteurs des différentes Commissions du Congrès, d'avoir fait de ces pieux jours de fêtes religieuses, des jours de fêtes littéraires, utiles à l'amour de Dieu, dans ce siècle où la presse et la littérature sont trop souvent, hélas! des armes tournées contre la puissance et l'autorité divines, et contre le respect dû au Saint-Nom du Très-Haut.

Monseigneur demande aux catholiques de s'unir pour faire triompher le règne du Christ, contre l'impiété des ennemis qui l'assaillent avec fureur. « Que l'union, dit-il, soit aussi intime entre les catholiques qu'entre les membres de l'Épiscopat! » et, après avoir de nouveau remercié les Évêques de leur présence à Montpellier, Monseigneur clôture la dernière séance du Congrès, en proposant d'acclamer : la Papauté tout entière dans le glorieux Pie IX ; l'Épiscopat français, dans l'œuvre de régénération chrétienne et nationale qu'il a entreprise ; la France, qui, dans ses malheurs, dans les revers et les calamités qui la frappent, prie et sait, avec une résignation chrétienne, se soumettre sous la main de Dieu et espérer dans sa bonté.

Des cris enthousiastes de *Vive Pie IX!* de *Vive l'Épiscopat français!* de *Vive la France!* éclatent de toutes parts dans l'assemblée, et sont plusieurs fois répétés.

Monseigneur de Cabrières fait la prière d'usage, et NN. SS. les Archevêques et Évêques présents donnent tous ensemble leur bénédiction à l'assemblée.

La séance est levée à 11 heures.

RAPPORTS

Lus dans les différentes Commissions du Congrès et que le temps n'a pas permis de lire en Séance Générale.

I. COMMISSIONS RÉUNIES DES ŒUVRES DE PRIÈRES ET DES ŒUVRES EN GÉNÉRAL.

M. l'abbé CHAPOT, directeur de l'Œuvre de Notre-Dame-du-Salut, adresse au Comité catholique de Montpellier une lettre, où il donne un aperçu du but et des résultats de cette œuvre.

Une association de femmes a été formée sous l'invocation de Notre-Dame-du-Salut. Elle s'est donné la mission de travailler à la régénération de la France par la prière et par la moralisation des ouvriers.

Elle a obtenu par son initiative que, dans les réunions d'enfants, pensions et écoles des Frères, des prières seraient dites pour la conversion et la rénovation de la France ; celles-ci ont pour objet d'inspirer aux enfants, avec l'amour de Dieu, les sentiments du vrai patriotisme.

Dans une réunion tenue à Montpellier, le 27 décembre dernier, il a été décidé qu'une messe dite *de la Délivrance* serait célébrée le second vendredi de chaque mois dans la chapelle des Dames de l'Assomption, aux intentions de l'Eglise et de la France.

L'Œuvre des Pèlerinages est sœur de celle de Notre-Dame-du-Salut. Les associés facilitent ces grandes démonstrations religieuses, en donnant aux pèlerins des renseignements, des indications précises, et obtiennent pour les voyages des réductions de prix.

Enfin, c'est à cette œuvre que nous devons l'organisation de la Neuvaine préparatoire aux prières publiques votées par l'Assemblée. Des milliers d'imprimés ont été répandus dans toute la France, et un merveilleux concert de prières s'est élevé vers le Ciel pour le salut de la patrie.

Le second but est la moralisation de la classe ouvrière. Les dames, qui font partie de l'association, ont résolu de joindre leur action à celle des Comités catholiques et de les aider en toute chose. Elles aiment à s'appeler les *servantes des œuvres.*

Le Saint-Père, par un bref en date du 17 mai 1872, accorde une indulgence plénière à tous les membres de cette association. Monseigneur l'Evêque de Montpellier a établi cette œuvre parmi nous, et l'a confiée aux Dames de l'Assomption.

M. l'abbé Chapot exprime le vœu que le Comité catholique s'entende avec les dames de l'œuvre, et que le bien se fasse en commun.

M. Ch. Sadde appelle l'attention du Congrès catholique sur l'Œuvre du Vœu national au Sacré-Cœur.

Il donne d'abord l'historique de cette dévotion. La bienheureuse Marguerite Marie, en 1673, eut une révélation de Notre Seigneur, et reçut de lui-même l'ordre de répandre, en France, cette dévotion au Sacré-Cœur, qui devait être le salut de la patrie dans ses malheurs. A Montpellier, les Religieuses de la Visitation et M. le curé de Sainte-Anne ont tenu à célébrer avec pompe les fêtes du Sacré-Cœur. Enfin, chacun connaît le vœu de Monseigneur de Belzunce, qui sauva Marseille de la peste. La France coupable a besoin d'une réparation publique : Monseigneur l'Archevêque de Paris a pensé que notre capitale, témoin de toutes les horreurs de la commune, devait aussi voir s'élever dans ses murs un monument qui serait un immortel hommage de la France au Sacré-Cœur. En peu de temps 1,700,000 fr. ont été recueillis et, sans des difficultés matérielles imprévues, la première pierre de l'édifice eût été déjà posée. M. le Rapporteur rappelle les objections que les libres penseurs ont élevées contre cette dévotion ; il fait observer que toutes les manifestations publiques de la foi ont trouvé des détracteurs , malgré le bien social et religieux que notre pays en a retiré ; il insiste sur ce point que notre piété et notre dévotion envers Dieu doivent redoubler en présence des crimes et des excès dont nous avons été les témoins attristés.

Il conclut en proposant les vœux suivants :

1° Adoption du mode de souscription proposé par le *Bulletin de l'Œuvre du Vœu national;*

2° Organisation d'une quête dans tous les diocèses de la région jusqu'à l'entier achèvement de l'église du Sacré-Cœur.

M. Paul de Serre fait mention d'une lettre adressée au Comité catholique par M. Saintpierre, membre du Comité de l'OEuvre des tombes et prières pour les victimes de la guerre 1870-1871.

Cette lettre attire l'attention du Comité sur cette OEuvre. Elle rappelle que NN. SS. les Évêques lui accordent leur protection , et entre autres , Mgr l'Archevêque d'Aix et NN. SS. les Évêques de Perpignan et de Rodez. La cause de la patrie est la même que celle de la religion, et nous devons la défendre comme français et comme catholiques.

La sépulture et les honneurs funèbres rendus aux restes de nos soldats est comme une justice à l'endroit de ceux qui ont donné leur vie pour la défense de cette noble cause. M. Saintpierre conclut en priant le Comité catholique, de fonder cette OEuvre à Montpellier et de chercher à la développer autour de lui.

M. de Giry lit un rapport sur l'OEuvre de l'Adoration nocturne du Très-Saint Sacrement. C'est en présence des malheurs publics que les chrétiens doivent redoubler de ferveur. M. le Rapporteur rappelle les souvenirs édifiants qu'il a rapportés de Paris, où cette œuvre a pris une si grande extension. Il cite l'exemple de ce pauvre ouvrier qui, devant le Saint Sacrement, fit le vœu d'aller à Jérusalem vénérer le tombeau du Christ, en expiation des assassinats de la commune.

L'Adoration nocturne a été fondée anciennement à Avignon et confirmée par Louis VIII. La Confrérie des Pénitents-Gris eut pour mission de conserver cette œuvre dans la ville. A Montpellier, M. l'abbé Martin, il y a 25 ans, l'organisa dans sa paroisse, où 100 ans auparavant elle avait été instituée par un bref de Clément XIII; presque en même temps, M. l'abbé Soulas confiait aux Sœurs de Saint-Charles la garde du Saint Sacrement, qui reste exposé nuit et jour dans leur chapelle. Enfin, Mgr. Le Courtier établit l'Adoration perpétuelle du Saint Sacrement dans toutes les paroisses de son diocèse. Cette dévotion est devenue populaire; elle est entrée dans les mœurs et les habitudes de nos compatriotes.

A Rome, l'Adoration, qui n'avait lieu autrefois que pendant le jour, fut en 1809 transformée en Adoration perpétuelle de jour et de nuit d'un bout de l'année à l'autre. Elle fut fondée à Paris en 1848, et cet exemple a été imité en France, grâce aux encouragements des Évêques. Aujourd'hui 57 diocèses la possèdent.

M. le Rapporteur émet le vœu que tous les catholiques du diocèse se joignent à notre bien-aimé Pasteur, pour l'aider dans la fondation de l'Œuvre de l'Adoration perpétuelle, et pour développer par leur exemple la dévotion au Très-Saint Sacrement. Les conclusions suivantes sont proposées au Congrès catholique :

1° Rétablir, autant que possible, l'Adoration perpétuelle de jour et de nuit, telle que l'avait fondée M. l'abbé Soulas;

2° Établir l'Œuvre dans toutes les circonscriptions du diocèse, en faisant appel à toutes les Confréries et Sociétés charitables.

M. Gilbert, dans un rapport lu à la Commission des
OEuvres en général, s'occupe de la bonne direction et des
encouragements à donner aux arts décoratifs religieux.

Avant le christianisme, dit M. le Rapporteur, les arts
étaient déjà arrivés à un haut degré de perfectionnement,
en recherchant la beauté physique, et ils avaient atteint la
dernière limite du beau corporel. L'ère chrétienne, l'âge de
la foi devaient leur donner l'âme et la vie en fondant une
école nouvelle qui, avant toute chose, s'appliqua à rechercher le beau idéal, et qui sut le trouver par le bien-rendu
de la pensée et l'élévation de l'inspiration, et cela sans négliger la beauté des formes, autant toutefois que le permettent
les règles de la modestie et de la pudeur.

L'Eglise catholique encouragea cette nouvelle manière
artistique, et lui fournit les moyens de se révéler et de se per-
fectionner par la construction de ses temples, par la repro-
duction de ses mystères et des grandes scènes bibliques ou
évangéliques. De ces pensées élevées et profondement religieuses, sous la direction sûre que le catholicisme inspirait
aux arts et aux artistes, naquirent ces œuvres éminentes dont
l'harmonie nous frappe et nous pénètre d'une admiration
grandiose, que l'art moderne ne peut plus faire naître dans
nos âmes.

« Ce fut, dit M. le Rapporteur, à partir du règne de
Constantin que *l'école de l'idée* remplaça définitivement
l'école de la forme. Cette école, dit Paul Lacroix, s'imposa
de regarder comme n'existant pas les magnifiques vestiges
du passé ; elle voulut vivre par elle seule, dater d'elle-même
et créa de toutes pièces un art nouveau, d'où naquit le style
bysantin. »

M. le Rapporteur fait alors un rapide historique des trans-
formations que subirent les arts, soit au commencement de
l'ère chrétienne, soit pendant le moyen âge, et il arrive à
l'époque de la renaissance, qui nous ramène à la manière
antique. Tandis que le moyen âge s'était appliqué à repré-

senter les sentiments élevés que le catholicisme inspire à l'âme et qui se reflètent sur le visage pour le transformer, en lui donnant la beauté idéale ; la renaissance , au contraire , négligeait l'inspiration pour rechercher uniquement la beauté des formes , imitant ainsi les traditions de l'art antique. La conséquence de cette transformation fut la perte de l'expression chrétienne.

Que s'est-il passé depuis cette époque ? Quel est l'avenir qui s'ouvre actuellement pour les arts ? A ces deux questions que se pose M. le Rapporteur , il répond ainsi : « On ne peut maintenant espérer une nouvelle époque artistique , et on peut affirmer avec certitude que les arts sont actuellement sans boussole, qu'ils marchent à la dérive , faisant un mélange de toutes les époques et recherchant partout leur inspiration et leur modèle. »

M. le Rapporteur fait remarquer la perfection considérable qu'a atteint le côté pratique , matériel de l'art , tandis que le côté intellectuel a perdu toute noblesse , toute grandeur et toute poésie, parce que les arts se sont mis au service des passions au lieu de chercher à donner une réalité aux sentiments élevés de l'âme. Et cependant que ne pourrait-on pas faire , avec le perfectionnement des moyens d'exécution, si les artistes suivaient une voie tracée par le christianisme !

M. le Rapporteur , en exposant l'état de torpeur des arts religieux, ne veut pas parler exclusivement de la peinture, de la sculpture et de l'architecture ; bien au contraire, son attention s'est portée d'une façon toute particulière sur les arts secondaires , tels que la décoration à la fresque ou à la détrempe , la peinture sur verre , la mosaïque , la fabrication des ornements d'église, l'orfévrerie religieuse et l'imagerie. Ces genres sont des plus négligés , et les règles de style auxquelles ils sont assujétis, sont ignorés du plus grand nombre des artistes. Et c'est là , dans ces arts secondaires , que les plus mauvais principes se sont glissés ; c'est là aussi que la corruption artistique , c'est-à-dire l'oubli complet des lois qu'impose le bon goût , a fait le plus de ravages.

Les causes de cet état de choses sont nombreuses ; et outre le manque absolu de direction et de méthode, on peut signaler l'influence des procédés mécaniques, qui ont permis de faire de l'art à prix réduit, et surtout l'amoindrissement de l'esprit de *Foi* dans le cœur de presque tous les artistes.

M. le Rapporteur recherche la part qui, dans la décadence de l'art moderne, revient à chacune des causes qu'il a signalées, et, chemin faisant, il en signale de nouvelles : mauvaise direction donnée à l'enseignement officiel du dessin et de la peinture, dans les écoles des Beaux-Arts, où les élèves sont forcés de s'adonner, pendant la plus grande partie de leur séjour à l'école, uniquement à l'étude de l'art antique et des théories à la Grecque. M. le Rapporteur s'élève énergiquement contre cette manière d'enseigner les arts, et il s'écrie : « Et puisque l'étude de la figure est reconnue la meilleure par sa précision, au lieu de faire dépendre opiniâtrément les destinées de l'art d'un asservissement aux idées des Anciens, qui n'ont absolument recherché que le beau corporel et extérieur, ne vaudrait-il pas mieux prendre pour modèle les belles conceptions qu'a enfantées le christianisme, telles que les copies de Raphaël, Rambrandt, Lesueur, Murillo, et tant d'autres ? L'histoire de ces peintres ne nous apprend-elle pas que leurs études consistaient à copier les tableaux ou cartons de leurs maîtres ? Qu'a donc produit la méthode modifiée de nos contemporains ? Et nos gloires peuvent-elles soutenir l'éclat des siècles brillants, où l'art demandait au catholicisme de sublimes inspirations ? »

Arrivant à la recherche des remèdes à apporter à cette situation, M. le Rapporteur propose la création d'écoles d'art chrétien, et en montre toute l'utilité et toute l'importance. En 1874, cette pensée avait déjà été soumise au Congrès des Comités catholiques, par M. le baron d'Avril, qui exposa l'organisation de l'*École de Saint-Luc*, à Gand.

En second lieu, M. le Rapporteur propose la création d'une Commission permanente, choisie par l'autorité ecclésiastique de chaque ville et chargée d'étudier les questions d'art chrétien.

Enfin, le complément nécessaire de ces mesures serait d'établir une méthode d'enseignement, et de vulgariser les connaissances artistiques, en encourageant, par le concours ou par des prix, la publication d'un ouvrage donnant les principes généraux et élémentaires de l'art vraiment chrétien, et traitant de tous les différents genres dont la religion catholique se sert pour augmenter l'éclat de ses fêtes et de ses cérémonies.

II. Commissions des Œuvres ouvrières.

La parole est donnée à M. DE LA PRUNARÈDE, président du Comité des cercles, pour lire son rapport sur le Cercle des Ouvriers de Montpellier.

Ici comme à Paris, dit le Rapporteur, l'Œuvre des Cercles d'ouvriers est née du Comité catholique. Il y a un an, notre Comité ébauchait sa fondation, et le 2 juin 1874 nous inaugurions la chapelle et les salles du Cercle, qui étaient livrées à une trentaine d'ouvriers, devenus depuis les plus fermes soutiens de notre œuvre.

Au mois de juillet, un banquet fraternel réunissait 60 ouvriers et les membres du Comité des cercles; quelques jours plus tard, Monseigneur l'Évêque convoquait les membres du Cercle à la solennité du 15 août, et 80 ouvriers, sous la bannière de l'œuvre, suivaient la procession du vœu de Louis XIII.

Le 24 août, l'aumônier du Cercle, 104 ouvriers et quelques membres du Comité entraient à Lourdes, venant mettre au pieds de la Vierge miraculeuse les prémices de leur œuvre. Nos ouvriers se firent remarquer à Lourdes par leur esprit vraiment catholique, et tous s'approchèrent de la table sainte.

Après l'historique des premiers mois, le rapporteur donne les chiffres actuels : 200 candidats inscrits et 92 membres actifs remplissent les contrôles du Cercle, qui reçoit chaque soir de 80 à 150 ouvriers.

En terminant, le Président du Comité salue avec reconnaissance l'auguste Prélat qui a bien voulu si souvent donner au Cercle catholique d'ouvriers les précieux encouragements de sa parole et ses meilleures bénédictions. Il se félicite de l'intelligente direction et des conseils pleins de sagesse et d'expérience qui lui viennent de Paris, et s'exprime en ces termes : « Nous n'avons qu'un regret ; la distance qui nous sépare, ne nous permet pas, à Montpellier, de nous mettre, aussi souvent que nous le voudrions, en communication directe avec l'esprit si catholique qui anime les initiateurs de cette œuvre attachante.

» Aussi, pour nous, quelle heureuse fortune, que de posséder dans ce Congrès un de ces apôtres de la question ouvrière, que nous voudrions interroger sans cesse, écouter longtemps et imiter toujours ! »

III. Commission de l'Enseignement.

M. de Fontenille a traité, dans la Commission de l'Enseignement, la question des *bons d'école*.

Il rappelle le rapport de M. Ernoul sur cette question, et adopte complétement les mêmes conclusions. Les indigents aujourd'hui reçoivent l'instruction gratuite, mais à la condition de suivre l'école communale qui leur est indiquée par la municipalité. La réforme consiste à rendre au père de famille la liberté de choisir le maître de ses enfants. Pour y parvenir, celui-ci recevrait des bons scolaires payables sur les fonds communaux, et les donnerait à l'instituteur de son choix, qui lui-même en toucherait le montant chez le percepteur.

Dans les communes où la gratuité est absolue pour tous, le même système pourrait s'établir au risque de faire fermer l'école qui n'aurait pas la confiance des pères de famille. Enfin, ces bons d'école pourraient être donnés à des instituteurs établis en dehors de la commune, et là encore la concurrence serait utile et améliorerait l'école de toute manière. Pour fournir aux dépenses nécessitées par cette réforme, il serait créé un fond commun, d'autant plus faible que l'application de cette idée serait exceptionnelle.

Le Rapporteur s'arrête un moment sur l'opportunité de l'établissement de l'instruction gratuite et obligatoire. Il ne veut ni l'une ni l'autre : la première n'est que l'occasion d'une dépense inutile, et tend à faire baisser le niveau de l'instruction, en rendant les maîtres moins attentifs ; la seconde n'est qu'une entrave à la liberté. Il préfère une obligation morale et de conscience.

La conclusion de ce rapport est de soumettre ces questions à l'Assemblée nationale, au moment du prochain remaniement de la loi d'instruction primaire, par des pétitions ou tous autres moyens.

IV. Commission de la Presse.

M. Roussel, au nom de ses confrères de Bédarieux, lit un rapport sur la Bibliothèque populaire de cette ville.

Le Comité catholique de Bédarieux avait cru nécessaire de se borner à la distribution de quelques brochures, mais l'œuvre nouvelle ayant reçu un don de 200 volumes, la bibliothèque fut fondée dès ce jour. Chacun se mit à chercher des ressources, et bientôt on pouvait réunir 700 volumes et 800 fr. pour les frais d'installation. Voici l'organisation qui fut adoptée : l'œuvre se compose de membres fondateurs, de sociétaires, de lecteurs. Les fondateurs sont ceux qui ont versé une somme ou donné des livres. Les sociétaires s'engagent à donner une cotisation annuelle de 2 fr. Enfin, les lecteurs ont le droit de prendre des livres moyennant une rétribution mensuelle de 10 centimes. La bibliothèque est ouverte le dimanche et le jeudi pendant une heure. Un conseil d'administration veille à la distribution des livres et à l'application du règlement. Le travail de statistique arrêté au 31 novembre porte le nombre des fondateurs à 104, le nombre des sociétaires à 70 ; 3,678 volumes sont passés entre les mains de 267 lecteurs ; la bibliothèque possède 1271 volumes. Enfin le conseil, depuis sa fondation, a distribué 1200 petits opuscules.

M. Bérard lit un rapport sur la Bibliothèque populaire du faubourg de Nimes.

Une bibliothèque populaire catholique est indispensable dans un temps où tout le monde lit. Pour fonder une bibliothèque populaire il faut : 1° un homme zélé, 2° un local, 3° des livres, 4° de l'argent.

1° Il faut un homme qui puisse y consacrer tout son temps et qui en fasse son œuvre, qui s'y donne tout entier et mette de la persévérance dans son entreprise, car l'œuvre ne doit pas s'arrêter.

2° Le local est une question plus importante qu'on ne peut le croire. Il faut qu'il soit choisi dans un quartier populeux, accessible à tous. La Bibliothèque du faubourg de Nimes doit son succès à la facilité qui est offerte au public d'y entrer tous les jours, de 4 à 7 heures du soir, et à sa position commode.

3° Les livres : il faut d'abord un employé pour les distributions ; ce sera un homme à gage que l'on trouve facilement parmi les teneurs de livres de la ville. Il faut un homme de tact, qui puisse fixer sur un bon livre l'incertitude du lecteur. On peut se procurer les livres d'abord par l'intermédiaire des œuvres spéciales comme la société de Sᵗ Michel et la Société pour l'encouragement et la création de bibliothèques, dirigée par M. de Melun ; ensuite en s'adressant aux libraires catholiques, qui font de 25 à 30 pour cent de remise. Lorsqu'un livre est bon, il faut en avoir plusieurs exemplaires et tâcher de les faire lire.

4° L'argent : lorsqu'une bonne œuvre se fonde, elle trouve toujours des ressources dans la charité publique ; il faut se donner la peine de les chercher, d'exposer le bien que l'on veut faire et de s'attirer des sympathies. Des soirées amusantes, des concerts sont venus encore en aide à la Bibliothèque populaire du faubourg de Nimes.

Cette œuvre, qui a commencé avec fort peu de choses il y a 10 ans, distribue aujourd'hui 40,000 volumes dans la ville ou les environs. Elle s'est attachée d'une manière spéciale aux bibliothèques des corps de garde. Les onze corps de garde de Montpellier reçoivent toutes les semaines une vingtaine de volumes et un journal hebdomadaire, le *Bulletin du soldat*. Nous estimons que 10,000 volumes sont lus ainsi chaque année.

L'Œuvre de la Bibliothèque s'est répandue aussi dans les villages voisins. Moyennant une rétribution annuelle de 0,5 c. par livre, chaque localité peut avoir une bibliothèque renouvelable à volonté ; 300 volumes sont ainsi placés dans les environs.

M. le Rapporteur présente les résolutions suivantes :

1° Tâcher d'établir des bibliothèques populaires et gratuites dans tous les centres assez importants pour fournir les éléments nécessaires à cette fondation ;

2° Faire profiter les villages avoisinant les villes des bibliothèques qui y sont ou y seront établies.

Plusieurs autres rapports ont été lus dans les différentes Commissions du Congrès, mais ne sont pas parvenus à temps pour être insérés dans ce Compte Rendu général du premier Congrès des Comités catholiques du Midi.

Les Secrétaires Généraux en expriment ici tous leurs regrets aux auteurs de ces rapports et demandent l'indulgence de MM. les Membres du Congrès pour le Compte Rendu si imparfait qu'ils leur soumettent aujourd'hui.

Montpellier, le 15 mars 1875.

Les Secrétaires Généraux du Congrès,

JULES DE BRIGNAC ,   LÉON FAISANT.